부자 회사의
소금경영

DOUBLE YOUR PROFITS IN 6 MONTHS OR LESS

부자회사의 소금경영

초판 2쇄 발행 | 2007년 7월 10일

지은이 | 밥 피퍼
옮긴이 | IBS 컨설팅
펴낸이 | 김건수

펴낸곳 | 김앤김북스
출판등록 | 2001년 2월 9일(제12-302호)
서울시 중구 수하동 40-2번지 우석빌딩 903호
전화 (02)773-5133 | 팩스 (02)773-5134
E-mail : knk@knkbooks.com

ISBN 978-89-89566-28-1 03320

부자회사의 소금경영

실속 있는 부자회사를 만드는 77가지 노하우

맛 피터 지음 | IBS컨설팅 옮김

김앤김
북스

| 차례 |

"기업을 경영하는 데는 수익 외에도 고려해야 할 많은 사항들이 있다. 하지만 나는 이 책에서 수익에만 초점을 맞추고 있다. 그 이유는 수익이 다른 모든 것의 시작이자 끝이기 때문이다. 수익을 많이 내는 기업은 직원들을 포상하고, 승진시키고, 새로운 상품, 사업, 기술에 투자할 충분한 자금이 있다. 반면 수익이 적은 기업은 불충분한 자금을 투입하게 되므로 직원들의 사기, 상품의 차별성 등 모든 방면에서 불가피하게 평범한 수준으로 전락하게 된다. 수익을 증대시키는 방법을 알면 그 외의 모든 것들은 따라오게 되어 있다." - 본문 중에서

좋은 회사란 어떤 회사일까? 고객들에게 좋은 제품 및 서비스를 제공하고, 직원들에게는 높은 임금을, 주주들에게는 많은 배당금을 나눠주는 회사일 것이다. 그리고 사회적 기여도가 높

은 회사일 것이다. 그러나 앞서 저자가 주장하는 바와 같이 수익을 내지 못한다면, 그 어떤 것도 달성할 수 없을 것이다. 역자역시 많은 기업들을 컨설팅하며 수도 없이 강조하고 주장해온 명제이다. 그러나 어떻게 해야 수익을 낼 수 있는가에 대한 답을 구하기는 너무나도 어렵고 힘들었다. 그 답이 어려운 것이 아니라 어쩌면 대안을 실천하기가 더 어려운 것인지도 모른다. 그래서일까? 저자 역시 수익 창출을 위한 첫 장을 리더십으로부터 출발하고 있다. 즉, 수익 창출을 위해 가장 중요한 것은 결심과 실행, 그리고 조직 문화임을 강조하고 있는 것이다.

역자가 아는 시업가 한 분이 저녁식사 도중 돈을 많이 벌고싶냐고 물어본 적이 있다. 다른 것은 몰라도 돈 버는 방법만은 자신이 누구보다 잘 알고 있다는 것이다. 그리고 나에게만 그 비밀을 전수해주겠단다. 식사를 마친 뒤 그분은 딱 한 마디 말씀만 남겼다. "번 것보다 적게 쓰시오. 그러면 부자가 될 수 있소." 이와 똑같은 요지의 이야기가 이 책에 담겨 있다. 단지 차이가 있다면, 개인 이야기가 아니라 기업의 이야기라는 점이다.

마지막으로 저자는 판매촉진에 드는 비용은 아까워하지 말라고 충고한다. 모든 비용 중에서 판매를 위해 사용되는 비용은 비용으로 인식되기보다 투자로 인식되어야 함을 강조하는 것이다.

모든 사람들이 더 많은 돈을 벌고 싶어하고, 모든 기업들이 더 큰 수익을 내고 싶어한다. 그러나 그들 중에서 정말로 큰 돈을 버는 경우는 극히 일부에 불과하다. 그런데 저자는 그 어려운 일을 너무도 쉽게 설명하면서, 그 하나 하나의 방법들을 상세히 알려준다. 그리하여 모든 사람들로 하여금 깨닫게 한다. 수익을 개선하는 일이 그다지 어려운 것은 아니라고.

바로 여기에 이 책의 소중한 가치가 담겨 있다. 그래서 역자는 이 책을 여러분에게 소개하고자 한다.

IBS컨설팅 대표 이명환

부자회사가 되는 것은 어렵지 않다

1부

01

누가 이 책을 읽어야 하는가

수익에 진정으로 관심을 기울이고도 사업성과가 만족스럽지 못한
경영자나 관리자는 이 책을 반드시 읽어야 한다.

사업의 수익에 신경 쓰는 사람이라면 누구나 이 책을 읽어
야 한다. 그런데 놀라울 정도로 많은 관리자들이 수익에 무관심
하다. 대다수의 중간 관리자들과 많은 고위 임원들, 심지어 포
춘 500대 기업의 최고경영자들조차 수익보다는 다른 데에 관심
을 쏟고 있다. 예를 들면 그들은 사업의 성장, 조화로운 노사 관
계, 직원들의 사기 증진을 원한다. 또는 흥미로운 곳을 여행하
거나 다양한 사람들과 만나는 것을 좋아한다. 몇몇 중소기업 경
영자들은 기업의 재무적 건전성을 확보하기보다 기업 운영의
세부적인 것에 더 집착한다.

이러한 독자들에게 말한다. 이 책을 읽어보라. 수익의 중요성과 그것을 증대시키는 방법을 더 잘 이해할 수 있을 것이다. 수익에 진정으로 관심을 기울이고도 사업성과가 만족스럽지 못한 경영자들에게 말한다. 이 책을 반드시 읽어보라. 이 책을 읽고 실행에 옮긴다면 사업의 수익을 현재보다 2배 이상 증대시킬 수 있을 것이다.

당신은 이것을 다음 두 가지 방법 중 어느 하나로 이룰 수 있다. 한 가지는 이 책을 읽고 직접 자신의 기업에 타당한 부분들을 적용하는 것이다. 그리고 나서 조만간 수익의 극적인 향상을 경험하는 것이다. 다른 방법은 이 책의 철학을 받아들이긴 하되 이 책의 권고를 실행하는 것은 외부 기관에 의뢰하는 것이다. 즉, 외부의 전문 경영자나 컨설턴트의 도움을 얻는 것이다.

O2

수익은 기업 경영의 시작이자 끝이다

수익이 없거나 적으면 기업은 모든 측면에서 불가피하게 평범한
수준으로 전락하게 된다.

이 책의 관점과 권고들은 두 부류의 경험에서 나온 것이다. 나는 지난 15년간 포춘 500대 기업들과 전 세계의 중소기업에서 컨설턴트로 일해왔다. 그 동안 수많은 경영 전략, 경영 스타일, 유행, 사업 유형들을 보아왔으며, 좋은 것과 나쁜 것을 구분할 수 있는 객관적인 시각을 갖추게 되었다. 가장 두드러진 현상은 기업들이 수익보다는 일시적인 유행이나 과정 자체에 부적절한 초점을 맞추고 있다는 것이다.

또한 나는 지난 15년 중에서 11년간 카이저 어소시에이츠

(Kaiser Associates)를 경영했고, 동종 업계에서 단연코 수익성이 가장 뛰어난 회사로 만들었다. 그리고 그 과정에서 비용을 절감하고 많은 고객들을 끌어들인 탁월한 경험을 갖고 있다. 이는 컨설팅을 통해 모두 전달하기 어려운 것이다. 이러한 성공적인 수익 극대화 경험과 다른 많은 기업들의 실패 사례는 나로 하여금 이 책을 쓰게 만들었다. 지금까지 내가 해온 것처럼 한다면, 당신도 나와 똑같은 결과를 얻을 수 있을 것이다.

물론 기업을 경영하는 데는 분명히 수익 외에도 고려해야 할 많은 사항들이 있다. 적절한 제품 및 마케팅 전략을 수립해야 하고, 고품질의 상품과 서비스를 효율적으로 제공해야 한다. 직원들을 훈련시키고 동기부여를 해야 한다. 나는 이러한 분야들에 대해서도 명확하게 이야기해줄 수 있다. 하지만 이 책에서는 수익에만 초점을 맞추고 있다. 그 이유는 수익이 이 모든 것의 시작이자 끝이기 때문이다.

많은 수익을 내는 기업은 직원들을 포상하고, 승진시키고, 새로운 상품, 사업, 기술에 투자할 충분한 자금이 있다. 반면 수익이 적은 기업은 사업의 각 부문에 불충분한 자금을 투입하게 되므로 직원들의 사기, 상품의 차별성 등 모든 측면에서 불가피하게 평범한 수준으로 전락하게 된다. 수익을 증대시키는 방법을 알면 그 외의 모든 것들은 따라오게 되어 있다. 하지만 적은 수익을 가지고 그것들을 시도해보라. 끊임없이 좌절하게 될 것이다.

한 가지 주목할 점이 있다. 수익을 2배 또는 3배 증대시키는 것은 종종 보수적인 것이 되곤 한다. 이 책이 권고하는 조치들을 엄격하게 이행한 많은 기업들이 4배, 5배 또는 무려 10배까지도 수익을 증가시키는 것을 보아왔다.

신속하게 비용을 삭감하는 구체적인 조치들은 이 책의 3부에 나와 있다. 이러한 비용 삭감 효과는 두 달 또는 길어도 여섯 달 이내에 수익의 극적이고 영구적인 증기로 나타날 것이다. 판매 극대화를 통해 수익을 증가시키는 조치들은 4부에 나와 있다. 이 주제들을 논하기에 앞서, 2부에서는 3부의 비용 삭감 조치들과 4부의 판매 극대화 조치들을 실행하는 데 필요한 기업

문화, 더 정확히 말해서 리더십 스타일에 대해 설명한다. 이 리더십 스타일은 받아들이기 쉬우면서 동시에 어렵다. 리더십 스타일은 경영, 회계, 기술 분야의 고급 학위, 또는 특정한 전략 모델이나 시스템에 대한 전문 지식을 필요로 하지 않는다는 점에서 쉽다. 왜냐하면 그것이 요구하는 실행 조치들이 매우 상식적이고 단순하기 때문이다.

그럼 도대체 왜 소수의 기업만이 그것들을 실행하고 인상적인 수준의 수익을 달성하는 것일까? 한 가지 이유는 많은 경영자들이 위에서 논한 바와 같이 수익에 대해 진정으로 관심을 두지 않기 때문이다. 하지만 수익에 깊이 신경 쓰는 경영자조차도 두 번째 시험에 실패한다. 즉, 그들은 이 책에 나와 있는 권고들과 일치되게 조직을 이끌려는 단호한 결의와 수익에 대한 절대적 헌신이 부족하다.

수익을 배가시키기 위해서는 집중력 있고, 일관되고, 강인하고, 공정한 리더가 필요하다. 또한 보통의 관리자들보다 더 나아지기 위해 자신과 조직의 다른 사람들을 기꺼이 분발시키고자 하는 리더가 필요하다. 그러한 확고한 결의와 이 책에 제시된 단계적인 로드맵이 당신과 배가된 수익을 이어주는 전부이다. 달리 말해서, 지금보다 훨씬 더 큰 수익을 원한다면, 당신은 기꺼이 힘든 결정을 내려야만 한다. 그렇게 하면 수익을 배가시키기가 한결 쉬워질 것이다.

2부

수익 지향의 기업문화를 창출하라

.

03

분명한 기준을 세워라

회사의 기본 목표는 단순해야 한다. 그것은 바로 최고가 되는 것이다.

모든 조직들은 명확하고 절대적인 단 하나의 목표가 필요하다. 몇몇 기업들은 이것을 그들의 사명이라 부른다. 그러나 문제는 이러한 목표나 사명 선언서들이 십중팔구는 전혀 적실성이 없다는 것이다.

사명 선언서 10개 중 4개는 대개가 듣기 좋은 상투적인 말들을 모아놓은 것에 지나지 않기 때문에 실패작이다. 이를테면 '우리는 직원들의 능력을 최상으로 끌어냄으로써 최고의 제품과 서비스로 고객을 만족시키는 동시에 지역 사회에 대해 책임감 있는 기업 시민으로 행동한다' 와 같은 것이다. 또 다른 5개는 좀더 의미 있는 내용을 담고 있긴 하지만 적절한 목표를 지향하는 것이 아니어서 대부분 실패작이다. 이러한 사명 선언서들은 조직의 최우선 목표가 특정 기술을 활용해 자신의 상품과 서비스로 고객에게 기여하는 것이라고 주장한다. 문제는 고객, 상품, 기술 모두가 목표에 도달하기 위한 수단이지 그 자체가 목표가 아니라는 점이다.

회사의 기본 목표는 단순해야 한다. 그것은 바로 최고가 되는 것이다. 조직 내의 모든 사람들에게 우리가 최고가 될 것이고 그보다 못한 것은 결코 받아들이지 않겠다고 말하는 것보다, 그들이 회사에 다니는 것에 대해 흥분하게 하고 더 나은 성과를 창출하도록 동기부여하는 것은 없다.

04

최고란 무엇을 의미하는가?

최고란 성취해야 할 목표가 남아 있는 한 결코 만족하지 않는 것이다.

최고란 다음 세 가지를 의미한다

첫째, 우리는 결코 현상 유지에 만족하지 않으며, 목표가 남아 있는 한 항상 전력을 다해 나아간다.

하지만 이것이 장시간 일하는 것을 의미하진 않는다. 내 경험에 비춰볼 때 일한 시간과 성과 간에는 거의 상관 관계가 없다. 나는 결코 직원들이 장시간 일하도록 강요하지 않으며, 그들이 며칠, 몇 시간을 일하는지 조사하지도 않는다.

생각해보라. 정말로 의미 있고 가치 창조적인 일은 대개 단 몇 분이나 몇 초 동안에 성취된다. 예를 들어 당신이 결정적인 통찰력을 발휘하거나, 중요한 판매를 성사시키거나, 핵심 부하 직원에게 동기 부여를 할 때가 바로 그러한 순간이다. 그리고 이런 일들은 당신이 불안정한 상태가 아니라, 안정되게 일하고 있을 때 일어날 가능성이 높다. 이는 정도의 차이는 있겠지만 당신의 직원들에게도 맞는 말이다.

수익을 배가하기 위한 첫번째 결정적 요소는 직원 모두가 '최고'가 되려는 기업 문화를 만드는 것이다. 여기서 최고란 항상 생각하고, 전력을 다하며, 발전하기 위해 자신을 끊임없이 변화시키며, 성취해야 할 목표가 남아 있는 한 결코 만족하지 않는 것을 의미한다.

둘째, 우리는 성과주의를 지향한다.

이는 승진이나 금전적, 심리적인 보상들이 연령이나 호감도 혹은 그 밖의 어떤 요인이 아니라, 철저하게 업무 성과에 근거

하여 주어진다는 것을 의미한다. 나아가 이는 사람마다 차별화 된 보상이 주어진다는 것을 의미한다. 즉, 사람들 간에 보상의 편차가 클 수 있다는 뜻이다. 이것은 어떤 조직에서든지 불가피 하게 존재하는 성과의 차이 때문이다.

하지만 많은 관리자들은 성과주의를 그리 탐탁해 하지 않는 다. 왜냐하면 성과주의는 관리자로 하여금 직원들에게 영향을 미치는 어려운 결정을 내리게 하고, 그들에게 직접 통보할 것을 요구하기 때문이다. 우리는 누구라도 다른 사람의 원망을 사거 나 비열하다는 평판을 듣는 걸 원치 않는다. 그리고 많은 관리 자들이 다른 직원보다 보상을 적게 해주는 직원들에 대해 미안 한 감정을 갖는다.

하지만 이러한 자책감은 잘못된 것이다. 좋든 싫든 간에 우 리는 자본주의 사회에서 살고 있다. 그리고 대안을 고려할 때 우리 중 대다수가 그 어떤 시스템보다 자본주의 사회를 선호한 다. 직원들에 대한 우리의 의무는 그들이 최고 위치에 이를 수 있는 기회와 그 위치에 이를 수 있도록 훈련과 지원을 제공하는 것이다. 우리에겐 그들의 업무 성과에 관계없이 무작정 보장해줄 의무가 없다. 보다 정확히 말하자면, 경영자가 진정한 성과주의 경영을 거부하는 것은 결국 뛰어난 성과를 올리는 우수한 직원을 불공정하게 대우하는 것이다.

당신이 비교적 냉정하고 수익 지향적인 경영자라면 자신에게 물어보라. "누구를 혼내야 하는가? 업무 능력이 뛰어난 직원인가, 아니면 업무 능력이 떨어지는 직원인가?" 당신은 항상 절반의 뛰어난 직원들을 만족시킴으로써 더 나은 결과를 얻게 된다는 사실을 명심하라(그렇게 하는 것이 그 조직이 성과주의 조직인지 아닌지를 판단하는 가장 빠른 방법이다. 성과주의 조직에서는 열등한 절반의 사람들이 불평하게 마련이다. 연공제나 다른 시스템에서는 뛰어난 절반의 사람들이 불평을 한다).

만약 당신이 마음이 여린 경영자라면 다음 방법을 시도해보라. 신입 직원을 채용할 때 당신의 조직은 성과주의 시스템이라고 분명히 밝혀둬라. 즉, 일을 잘하면 큰 보상이 주어질 것이고, 그렇지 않으면 만족스럽지 않은 보상을 받거나 조만간 회사를 떠나게 될 것이라고 말하라. 그리고 직원들이 채용된 후에도 항상 여러 방도로 회사가 성과주의 조직임을 전달하라. 성과주의 시스템의 조항들을 명확히 규정하라. 업무 수행이 어떻게 평가될 것이고, 또 어떤 보상이 주어지는가에 대해 분명히 해두어라. 그 다음에는 규정한 조항들과 일관된 평가 결과를 제시하라. 다시 말해, 약속을 지키는 것이다. 이런 식으로 한다면 당신은 모든 직원들에게 공정한 것이고, 미안한 감정을 가질 필요가 전혀 없게 된다. 더 바람직한 일은, 많은 사람들이 당신을 함께 일해본 경영자 중 최고로 여기게 된다는 것이다.

진정한 성과주의 조직이 되기 위해서는 말뿐인 성과주의를 넘어서야 한다. 성과에 따라 보상을 한다고 해놓고 업무 수행이 뛰어난 직원과 열등한 직원 간에 실질적인 차이를 두지 않는다면 그것은 성과주의라 할 수 없다. 성과주의는 나이나 근무 기간에 관계없이 조직에 대한 기여도가 높은 사람에게 더 큰 보상과 승진 기회를 제공하는 것을 의미한다.

진정한 성과주의를 실행하지 않는다면, 직원들은 결코 당신이 업무 성과와 수익을 중시한다는 사실을 믿지 않을 것이다. 회사의 수익 창출에 더 크게 기여한 사람이 그렇지 못한 사람보다 더 많은 보상을 받지 못한다면, 직원들은 수익을 중시한다는 당신의 말이 헛된 것이라고 생각할 것이다. 반대로 당신이 분명하게 결정적인 조치를 취한다면, 즉 업무 성과에 기초해서 직원들을 승진시키거나 포상하거나 해고한다면 그들은 재빨리 업무의 초점을 성과 향상에 맞추게 될 것이다. 이러한 조치들을 진지하게 시도해본 조직은 얼마 안 되지만 성공률은 매우 높다(한 경영자는 자신의 회사에 새로운 성과주의 보상 제도를 도입하고 나서 직원들이 업무의 초점을 성과 달성에 맞추기까지 불과 10여 초밖에 걸리지 않았다고 말한 적이 있다).

셋째, 우리는 수익을 창출하기 위해 존재한다.

사실상 우리는 가능한 한 많은 수익을 창출하기 위해 이 자리에 있다. 수익은 우리가 정말 최고인가에 대한 가장 정확하고 포괄적인 척도이다. 수익은 고객이 우리가 제공하는 상품과 서비스를 얼마나 높이 평가하고, 또 우리가 그 가치를 고객에게 제공하기 위해 얼마나 효율적으로 일했는지를 나타낸다. 수익은 우리 모두를 이롭게 한다. 수익은 주주와 경영자, 직원들의 보상을 위한 돈을 제공한다. 그리고 성장을 위한 투자 자금을 제공하고, 그 결과로서 직원들의 경력 발전 기회를 창출한다. 반대로, 수익이 적어지면 우리 모두 고통을 당한다.

05

수익에 초점을 맞추는 것에 대해 당당하라

당신이 일말의 미안함도 없이 수익에 초점을 맞춘다면 직원들 역시
그럴 것이다.

나는 교수나 무능한 경영자들이 "직원들은 결코 회사의 수
익을 동기 부여 요인으로서 생각하지 않는다."고 말하는 것을
들어왔다. 하지만 내가 얻은 실제 결과는 그와는 정반대이다.
직원들은 업무 성과의 명확한 측정과 그 결과에 반응을 보일 뿐
만 아니라 그것을 절실히 원한다.

"우리는 주주들의 배를 채워주기 위해 여기에 있다."라고
말한다면, 직원들은 당연히 관심을 갖지 않을 것이다. 하지만
"우리는 최고가 되기 위해, 창조적이고 열정적으로 더 많은 것

을 성취하기 위해, 성과에 상응하여 각자에게 보상을 주기 위해, 그리고 수익을 극대화함으로써 이 모든 것들을 가능하게 하기 위해 이 자리에 있다."라고 말한다면 직원들은 납득할 것이고, 고무될 것이며, 정확한 목표에 초점을 맞출 것이다. 관건은 그러한 메시지를 전달하고 나서 당신의 의도를 행동으로 보여주는 것이다.

수익을 극대화하는 것에 대해 결코 사과하지 마라. 사과할 이유가 전혀 없다. 당신이 일말의 미안함도 없이 수익에 초점을 맞춘다면 직원들 역시 그럴 것이다.

06

중요한 것은 과정이 아니라 결과다

과정에 대한 지나친 강조는 사실 그저그렇고 무능한 경영자들의
도피처이다.

나는 기업들, 특히 대기업들이 프로세스 또는 과정에 엄청난 시간과 에너지와 돈을 들이는 것을 보아왔다. 이런 과정들은 종종 전사적 품질관리, 팀 구축, 전략 기획과 같은 최신 유행의 이름 하에 추진된다. 그리고 이런 개념들은 그 나름대로의 가치, 시기, 상황이 있다. 하지만 수많은 기업들에서 놓치고 있는 것은, 투여된 노력이 최종 성과의 관점에서 그만한 가치가 있는 것인지에 대한 엄밀한 질문이다.

수익을 배가시키기 원하는 경영자라면 과정에 대한 냉소적

관점을 견지해야 한다. 돈이든 시간이든, 과정을 위한 어떠한 투자도 엄밀하게 검토되어야 한다. 가령 우리가 어떤 전략 개념을 도입한다고 할 때 정말로 그 개념을 실행하는 데 특정한 과정이 필요한지, 또 그것을 실행할 더 신속하고 직접적인 방법이 없는지 질문해보아야 한다. 또한 비효율적인 과정을 거치지 않고 직원들에게 그 개념의 중요성을 전달할 더 신속하고 직접적인 방법이 없는지도 질문해보아야 한다.

누군가에게 말하는 것만으로 충분하다면 메모 같은 건 절대로 하지 마라. 간단한 메모로 될 일이면 회의 같은 건 절대로 소집하지 마라. 1시간 회의로 될 일이면 4시간씩 질질 끌지 마라. 한 번의 회의로 될 것을 두 번에 걸쳐서 하지 마라. 두 번의 회의로 충분하다면 절차 따위는 만들지 마라. 무엇보다도 당신은 쓸데없는 행동을 없앰으로써 많은 시간과 돈을 아끼게 될 것이다. 그리고 그러한 행동을 통해 당신이 과정이 아닌 결과를 중시한다는 점을 직원들에게 확신시키게 되고, 직원들도 당신과 똑같은 방식으로 행동함으로써 몇 배의 비용을 절감하게 될 것이다.

과정에 대한 지나친 강조는 사실 그저그렇고 무능한 경영자들의 도피처이다. 한번은 연 매출이 90억 달러인 기업에서 15년간 최고경영자로 일해온 사람이 "우리 회사는 전략이 없습니다. 전략을 수립하기 위해 특별 프로젝트 팀을 구성하고, 6개월 안으로 보고서를 제출하게 합시다."라고 말하는 것을 보았다. 15년간이나 기업을 운영한 경영자가 앉은 자리에서 10분 이내에 자신의 사업 전략을 뚜렷하게 설명하지 못한다면, 도대체 그 긴 기간 동안 무얼 해왔단 말인가?(아마도 과정을 설계하고 있었을 것이다.)

대다수의 기업들이 과정에 과도하게 투자하는 이유는 다음과 같다.

첫째, 조직의 최고 리더가 결과만이 자신들이 여기 존재하는 유일한 이유임을 신뢰성 있게 전달하지 않기 때문이다.

둘째, 관리자들로서는 그들이 훌륭하고 멋진 과정을 가지고 있다는 것을 과시하는 편이 훨씬 더 쉽기 때문이다(다시 말해, 그들은 돈 쓰는 데 뛰어나다). 그들이 사업에서 돈을 번다는 사

실을 증명해 보이는 것보다 훨씬 수월하기 때문에 그들은 한
층 쉬운 목표에 집착하는 것이다.

　보통의 사람은 대개 가장 적은 저항을 받는 안전한 경로를
선택한다. 보통의 경영자나 직원들도 마찬가지다. 하지만 당신
이 조직의 리더로서 당신 자신과 다른 모든 사람들이 결과, 즉
수익에 초점을 맞추도록 하지 않는다면 수익은 발생하지 않을
것이다. 소모적이고 유행에 불과한 과정들에 대한 냉철한 의구
심을 갖는 것은 올바른 초점을 확립하고 전달하는 데 있어 핵심
적인 방법이다.

07

전략적 비용 VS. 비전략적 비용

전략적인 비용에 훨씬 더 많이 지출하는 것이 당신의 사업을 강화하기
위한 필수 요건이다.

좀더 구체적으로 들어가보자. 내 회사와 내가 본 매우 뛰어
나게 운영되고 있는 다른 회사들에서는 모든 비용이 두 부문으
로 나뉘어진다.

전략적 비용

분명하게 사업 이익을 발생시키고 수익을 향상키는 모든 비
용으로, 이 부문의 전형적인 항목들로는 영업 사원(영업 관리자
는 아님), 광고(효과가 있다면), 상업화가 가능한 연구개발 비용 등
이 있다.

비전략적 비용

사업을 운영하는데 필요한 비용이긴 하지만 확실하게 사업 이익을 발생시키지는 않는 비용으로, 모든 운영상의 비용이 여기에 속한다. 사무 지원, 임대 또는 부동산 비용, 관리자, 컨설턴트, 변호사, 회계사, 컴퓨터 등에 들어가는 비용이다. 종종 여기에 제조나 서비스 비용이 포함되기도 한다.

내 회사에서는 모든 비용 보고서가 전략적 비용과 비전략적 비용 두 부문으로 나뉘어 작성된다. 경영진 회의에서 새로운 사업 방향이나 새로운 투자에 대해 논할 때도 우리는 각각의 지출들에 대해 자동적으로 전략적인 지출과 비전략적인 지출로 구분한다.

그 이유는 단순하고 매우 강력하다. 리더로서 나의(당신의) 역할은 다음의 두 가지를 확실히 하는 것이다.

첫째, 전략적 비용을 경쟁자보다 더 많이 지출한다. 경기가 좋을 때뿐만 아니라 불경기에도 더 많이 지출한다.

둘째, 비전략적 비용을 가차없이 최대한 삭감한다.

수익에 대한 확고한 결의와 함께 이 단순한 개념은 그 어떤 복잡하고 상세한 사업 계획이나 과정보다 강력하게 수익을 극대화한다. 이 개념은 상식적이지만, 95%의 기업과 경영자들이 제대로 실천하지 않고 있으며, 그러한 사실이 그것을 철저히 실천하고 있는 기업에게 엄청난 경쟁 우위의 기회를 제공한다.

경쟁 상대보다 더 많은 전략적 비용을 지출하는 데는 지혜와 판단력이 요구된다. 매출과 수익을 향상시키는 영업, 마케팅, 연구개발 지출과 쓸모 없고 성과 없는 지출들을 구별하기란 결코 쉬운 일이 아니다. 당신이 그러한 판단을 내리는데 도움이 될 만한 어떤 공식도 없다. 훌륭한 경영은 언제나 80%가 수완이고 20%가 과학이다. 하지만 기업을 경영하면서 그러한 지적 능력과 판단력을 끊임없이 발휘해야 한다는 것 자체가 당신의 일을 도전적이고 즐겁게 만들어주기도 한다.

어쨌든 당신은 전략적 비용을 구별할 수 있어야 하며, 그 비용은 경쟁 상대보다 절대 액수에서는 아닐지라도 매출 대비 면에서 상당한 정도로 많아야 한다. 즉, 전략적인 비용에 훨씬 더 많이 지출하는 것이 당신의 사업을 강화하기 위한 필수 요건이다.

비전략적인 비용을 가차없이 최대한 삭감하기 위해서는 모든 하나하나의 비전략적 비용에 대해 확고한 의구심을 가질 필요가 있다. 다시 말해, 비전략적 비용은 지출의 타당성이 입증되지 않는 한 삭제될 수 있다고 가정한다. 나는 평균적인 포춘 500대 기업의 경우 한 명의 관리자가 필요한 자리에 3명의 관리자를 쓰고 있다고 확신한다(정부 기관의 경우에는 한 명으로 될 일을 10명이 하고 있다). 평균적인 포춘 500대 기업은 하나의 보고서면 충분한 것을 무려 10개씩이나 만들어낸다.

내가 아는 한 경영자는 새로운 사업 부서를 맡을 때마다 다음과 같은 조치를 취한다. 그는 모든 정기 보고서의 즉각적인 중지를 명령한다. 모든 서류 작성과 서류 제출이 단번에 중지되는 것이다. 그러면 중요한 보고서를 받지 못하게 되는 사람들은 비명을 지르고, 그는 그 보고서를 회복시킨다. 두 달이 지나면 그 모든 비명이 멈춰지고, 원래의 보고서 중 40%만이 회복된다

평균적인 회사는 1평이면 충분한 곳에 2평을 쓰고 있다. 그 회사 전체의 컴퓨터 용량은 필요한 수준보다 3배나 많다. 컴퓨터 용량을 파악해본 적이 있는가? 아마 깜짝 놀랄 것이다. 나는 이것들을 절실히 믿는다. 물론 때때로 이러한 신념 중 한두 가지는 틀렸다는 것을 발견한다. 하지만 수익을 극대화하고, 가능한 한 비전략적 비용을 줄이기 위해 당신은 이러한 신념과 냉소적 시각에서 출발해야 한다. 그리고 비용을 삭감하려는 쪽이 아니라 비용을 요청하는 쪽에 그 입증 책임을 지워야 한다.

08

수치에 너무 매달리지 마라

사업상의 의사결정에서 대부분의 중요한 변수들은 수치가 아닌 경험과
직관을 토대로 평가되고 판단된다.

    나의 부모님은 두 분 모두 수학자였고, 나는 여덟 살 때 미
분을 배웠다. 대학에서도 2년 동안 수학을 전공했고 교수들이
직관적으로 알 수 있는 수학 정리들을 입증해 보이기 위해 칠판
을 가득 채우는 것을 지켜보았다. 어린 시절부터 형성된 수학적
사고는 여러 면에서 도움이 되기도 했지만, 가장 중요한 측면,
즉 사업에서는 오히려 장애가 되었다. 사업에서는 이미 답을 알
고 있는 어떤 것을 더 정확하게 알기 위해 시간을 낭비할 필요
가 없다.

최근에 한 건강 제품 회사의 사장과 이야기를 나눈 적이 있다. 그는 5만 달러를 주고 전체 시장 규모를 파악하기 위한 컨설팅 계약을 했다고 한다. 사장은 자기 회사의 시장 점유율이 1% 선이란 건 알고 있었지만 1.2%인지, 1.15%인지 혹은 1.1%인지 정확히 알고 싶어했다. 이를 파악하기 위해서는 전체 시장 규모가 얼마인지 꼭 알아야 한다는 것이다. 그러나 그것을 알아서 뭐하나? 누구를 위한 것인가? 손익을 개선하려면 회사 내부의 잘못된 관행을 고치는 것이 더 중요한 일이다. 시장 점유율을 0.1% 증대시키기 위해서도 마찬가지다. 나아가 매출을 증대시키기 위해서라면 차라리 5만 달러를 판촉비로 사용하는 편이 낫다. 또는 이 비용을 지출하지 않고 회사 손익에 직접 반영할 수도 있었을 것이다.

　　이러한 사례는 다소 과장된 것일 수도 있으나 실제로 있는 일이다. 대부분의 회사들은 불필요한 조사들을 하고 거기에 많은 시간과 비용을 지불한다. 그러나 그것을 다 알고 있다고 해서 회사의 수익이 증가하는 것은 아니다.

또 다른 사례도 있다. 한 회사에서는 경영자의 지시로 직원들로 하여금 월별, 분기별, 연도별로 예상 손익을 보고하고, 예측 결과들을 수시로 업데이트하고 있었다. 단지 손익에 대한 예측치를 만들어내기 위해 최고의 직원들을 묶어두고 있는 것이다. 이 경우 2차적으로 불필요한 노력들이 뒤따른다. 즉, 직원들이 손익에 대한 정확한 예측을 경영자가 매우 중시한다는 메시지를 접수하는 것이다.

손익에 대한 예측이 돈을 벌어다주지는 않는다. 기업은 수익을 극대화하기 위해 존재하지, 손익을 예측하기 위해 존재하는 것이 아니다. 나 같으면 예측과 수치 관리에 투입된 인력 중 80%는 없애고, 그 인력은 돈을 세는 데가 아닌 돈을 버는 데 활용할 것이다.

하버드 비즈니스 스쿨에서 한 교수는 다음과 같은 비결을 우리에게 가르쳐주었다. 의사결정을 하기 힘들 경우, 다음과 같이 하라. 2초 안에 의사결정을 내려라. 다시 말해, 즉시 결정하라. 2초는 아주 짧은 시간이다. 당신은 결정을 내렸다. 이제는 다른 방식으로 의사결정을 해보라. 여러 자료들을 면밀히 검토하고 수치화한 다음 의사결정을 내려보라. 열 번이면 열 번 다 2초 안에 내린 결정과 그 답이 거의 동일하다는 것을 깨닫게 될 것이다.

이 비결을 배운 이후로 많은 시간이 흘렀지만, 결과는 매번 같았다. 경영자들은 실제로 필요한 것보다 훨씬 더 많은 자료를 요구한다. 뛰어난 경영자는 직관적이며, 제한된 자료를 토대로 항상 올바른 결정을 내린다. 미숙한 경영자들이 강조하는 수치화는 사실상 착각의 소지가 있다. 중요한 변수보다는 측정될 수 있는 것에 기초해 의사결정을 할 경우 잘못될 가능성이 높기 때문이다. 사업상 의사결정에서 대부분의 중요한 변수들은 수치가 아닌 경험과 직관을 토대로 평가되고 판단된다. 속담에도 있듯이, 정확하게 틀린 것보다는 적당히 맞는 편이 더 낫다.

09

과다 위임도, 과소 위임도 하지 마라

권한 위임 자체가 절대적 선이 아니다. 손익을 통제할 수 없는 권한
위임은 리더로서의 기본적인 책임을 회피하는 것이다.

모든 직원들이 당신처럼 풍부한 경험과 판단력을 갖고 있다
고 생각하지 마라. 모든 직원들이 당신과 같은 열정을 갖고 있
다고도 생각하지 마라. 정말로 중요한 의사결정은 반드시 경영
자가 직접 내려야만 한다. 그 외의 모든 것들, 결정된 사항의 실
행을 위한 업무들은 부하 직원에게 위임하라. 훌륭한 경영자는
업무의 1%만을 수행하지만 50% 이상의 부가가치를 창출한다.
그들은 풍부한 경험과 판단력을 바탕으로 정말로 이익이 되는
결정을 내리기 때문이다.

최근 최고경영자의 보상에 대한 논란이 있었다. GE의 잭 웰치 같은 사람은 자신의 월급보다 훨씬 더 많은 부가가치를 창출한다. 그 거대한 조직을 수익에 집중하게 함으로써 매주 자신의 연봉보다 훨씬 더 많은 가치를 창출하고 있는 것이다. 반면 수익에 초점을 맞추지도 않고, 진정한 가치를 더하지도 못하는 평범한 CEO나 경영자들이야말로 지나치게 과도한 보상을 받고 있는 것이다. 문제의 핵심은 경영자의 보상이 아니라 경영자의 능력이다.

권한 위임이 유행처럼 퍼져 나가고 있다. 수익을 창출해낼 수 있는 실력과 조직관리 능력을 갖춘 사람에게만 권한을 위임하거나, 손익을 통제할 수 있는 권한만 유지하고 그 외의 다른 권한은 적정한 사람에게 위임한다면 이는 매우 훌륭한 조치이다. 하지만 권한 위임 자체가 절대적 선도 목적도 아니다. 손익을 통제할 수 없는 권한 위임은 리더로서의 가장 기본적인 책임을 회피하는 것이다.

무능한 경영자들은 그들 사업을 세세히 연구하지만(과도한 수치화) 관리는 적당히 한다(과대 위임). 그러나 탁월한 경영자는 전체적인 시각에서 분석하지만 핵심적 부분의 경우 매우 면밀하게 관리한다.

10

고객 만족 극대화는 파산을 부른다

고객이 대가를 지불하기 원하는 차별화와
좋아하긴 하지만 지불하지는 않는 차별화를 구별하라.

제품을 차별화하거나 고객 만족도를 높이는 방법은 많다. 더 좋은 품질(예를 들어, Mercedes Benz), 더 나은 서비스(Disney), 더 폭넓은 선택의 기회(Toys "R" Us), 탁월한 브랜드 이미지 (Federal Express)를 제공하거나, 또는 이들을 적당히 조합하는 방법이 그것이다. 이 방법들은 모두 훌륭하지만 비용을 수반한다. 수익 극대화 기업의 목표는 차별화를 극대화하는 것이 아니라, 고객들이 기꺼이 대가를 지불하려는 차별화 요소만을 제공하는 것이다. 고객이 지불하려고 하지 않는 차별화 요소는 제공할 이유가 없다.

무정하다거나 이기적이라고 생각하지 마라. 생존을 위한 것이며, 상식적인 것이다. 고객이 원하지도 않는 것을 쓸데없이 덧붙여 가격만 높이지 마라. 조만간 고객들은 거래처를 바꿔버릴지도 모른다. 현명한 고객은 올바른 차별화가 무엇인지 정확하게 알고 있다.

Honda Accord는 단지 4가지 색상과 2가지 옵션 패키지만으로도 무한대의 옵션을 제공하는 GM을 이겼다. GM은 색상, 라디오, 엔진, 좌석 쿠션 등에 걸쳐 거의 무한대의 옵션을 제공했다. 그 결과는 생산 및 물류의 복잡성과 비용만 증가시켰을 뿐이다. Honda는 불필요한 옵션에 소요되는 비용을 줄여 충분한 이익을 챙길 수 있었고, 절감된 비용의 일부를 탁월하고 표준화된 품질의 형태로 고객들에게 돌려주었다.

L'eggs는 팬티스타킹 산업을 변혁시켰다. 여성들 입장에선 그저 평범한 일용품을 사는 것뿐인데 굳이 화려한 백화점에서 돈을 낭비할 필요가 없었다. L'eggs는 이러한 여성들의 심정을 너무나 잘 이해했고 그 덕분에 막대한 이익을 창출할 수 있었다.

고객에게 무엇을 팔아야 하는지 정확하게 파악하라. 기업의 이익은 거기서 발생한다. 그것은 최고의 판단력을 요구하며, 그것을 정확히 찾아내는 데에 바로 경영의 참맛이 있다. 당신은 최고의 차별화 방법을 찾아내야 한다. 그렇지 않으면 아무 것도 팔 것이 없다.

영업 사원, 기술자, 마케팅 전문가, 기획 담당자 등 기업 내 많은 사람들이 어떻게 차별화를 강화할 것인가에 대해 교육을 받는다. 그러나 고객이 지불하려고 하지 않는 차별화 요소들을 제거하는 방법에 대해서도 교육이 이루어지고 있는가? 사실 아주 드물다. 이는 기업 교육의 초점을 직원들이 "고객이 기꺼이 돈을 지불하려 하는 것은 무엇인가?"라고 묻는 기업 문화를 창출하는 데 두어야만 하는 이유이다.

'고객 만족 극대화'라는 말은 상투적인 표현이며, 구실에 불과하다. 당신이 진정으로 고객 만족을 극대화하고 싶다면, 가격을 0으로 책정하거나 매달 고객들에게 하와이 무료 여행권과 승용차를 제공하라. 그러면 당신은 금방 파산하게 될 것이다.

고객이 지불하길 원하는 차별화와 '좋아하긴 하지만 지불하지는 않는' 차별화를 구별하라. 이것이 당신의 고객과 당신 자신 그리고 수익을 위한 최선의 선택이다.

11

전략적 시간 VS. 비전략적 시간

전략적 시간은 높게 평가되고, 비전략적 시간은 그렇지 않다는 것을
모든 행동과 발언을 통해 전달하라.

전략적 비용과 비전략적 비용이 있는 것과 마찬가지로, 전략적 시간과 비전략적 시간이 있다. 전략적 시간은 수익을 창출하는 데 쓰는 시간이며, 비전략적 시간은 업무상 필요한 일에 쓰이지만 수익에 기여하지 않는 시간이다.

리더의 역할은 전략적 시간은 높게 평가되고, 비전략적 시간은 그렇지 않다는 것을 모든 행동과 발언을 통해 전달하는 것이다. 당신 자신부터 시간 관리 방법을 바꾸고, 주변에 있는 사람들에게 권해보라. 직원들의 행동에서 수많은 변화를 보게 될

것이다. 그들은 경영자의 행동을 자신이 무엇을 해야 할지에 대한 신호로 간주한다.

직원들은 무언의 신호에 반응한다. 당신이 어떻게 행동하는지, 결과에 얼마나 중점을 두는지, 얼마나 신속히 일을 처리하는지, 불필요한 시간 낭비를 얼마나 싫어하는지. 당신이 주재한 마지막 회의를 생각해보라. 정말로 9명의 사람 모두가 그 자리에 3시간 동안 있어야 했는가? 각각의 발표를 9명 모두가 들어야만 했는가? 결국 이는 무의식 중에 결과보다는 과정이나 절차가 더 중요하다는 메시지를 전달하고 있는 것이다. 회의 참석자 중 누군가는 다른 사람의 발표를 듣는 대신 그 시간에 중요한 고객에게 전화를 했다면 어땠을까? 어느 쪽이 그의 시간을 보다 유용하게 쓰는 것일까?

당신은 매인 수많은 시간을 쓸모 없는 일에 소비하거나, 지원들이 불필요한 시간을 소비하는 것을 용납하고 있다. 농구 시합 내기, 음료수 마시는 시간, 막간의 골프 스윙 연습 등의 시간을 없애라는 뜻이 아니다. 이러한 것들은 유희(fun)다. 쓸데없이 잦은 미팅, 시간을 채우기 위한 형식적인 일들, 유희도 아니고 생산적이지도 않은 행위들을 줄이라는 것이다. 그러한 일들은 단지 습관과 리더십의 부재 때문에 발생한다.

최고의 리더라면 자신의 조직에 다음과 같은 메시지를 전달해야 한다.

1. 우리는 훌륭한 기업이며, 활력이 넘치는 직장이다.
2. 우리는 수익을 창출하기 위해 여기 있다.
3. 우리에게는 아직 성취해야 할 것들이 많이 있고, 기회도 많이 있다.
4. 우리 기업의 모든 돈, 시간, 자원은 우리의 잠재력을 실현하고 수익을 창출하는 데 집중될 것이다. 우리는 그러한 목적에 기여하는 어떤 일이든 수행할 것이다.
5. 모든 비전략적인 비용과 시간들은 가차 없이 제거되어야 한다. 여러분이 결국 원하는 것은 무엇인가? 훌륭한 기업을 위해 일하는 것인가, 아니면 단순히 시간을 때우는 것인가? 새로운 고객을 창출하든가 불필요한 비용을 제거한다면 훌륭한

회사를 만드는 데 기여하는 것이다. 하지만 단순히 회의에 참석하고, 형식적인 문서를 작성하거나 무의미한 숫자만을 주무르고, 쓸모 없는 일에 시간을 허비한다면, 회사와 여러분 자신이 그저그런 수준으로 전락하게 만드는 것이다.

이 모든 메시지들은 서로 연관되어 있다. 리더로서 당신이 성과를 중시하고 훌륭한 미래를 만들기 위해 노력하고 있다는 것을 행동으로 보여준다면 불가피하고 어려운 결정들이 직원들에게 받아들여지고, 더 나아가 매력적으로 느껴질 수 있다. 하지만 당신의 메시지가 확고한 신뢰를 얻으려면, 그것이 매일, 매시간 당신의 모든 행동에 반영되어야만 한다.

12

긴박감을 유지하라

항상 마감 시한을 짧게 잡아라. 직원들은 밤샘 업무 대신 가치 없는
업무를 스케줄에서 제거함으로써 마감 시한을 맞출 것이다.

사실상, 완료하는데 6개월의 기간이 소요되는 경영 과제란
있을 수 없다. 그럼에도 실제로 많은 기업들이 태스크포스 팀과
컨설턴트, 위원회가 일을 하는데 그 같은 또는 그 이상의 시간
을 주고 있다. 더 나쁜 경우, 실질적인 일은 하지도 않고 계획을
수립하는 데만 그 정도의 시간이 주어진다. 한편, 많은 중소기
업의 경우 기업의 미래를 위해 정말로 중요한 일들이 단지 바쁘
다는 이유로 수개월에서 수년씩 미루어지고 있다.

매일 내가 제일 먼저 하는 일은 그날 해야 할 일들을 세 가

지로 분류하는 것이다. 그 첫번째 리스트에는 새로운 거래를 늘리는 업무(즉, 매출을 증대시키는 것) 또는 비용을 줄이는 업무들이 들어 있다(수익은 매출에서 비용을 제한 것이므로, 수익을 창출하는 데는 두 가지 방법이 있다). 두 번째 리스트에는 기존 거래를 유지하거나 내부 운영 시스템을 유지하는데 필요한 업무들이 포함된다. 세 번째 리스트에는 누군가가 내가 해주기를 기대하거나 바라는 업무들이지만, 실제로 가치를 발생시키거나 수익에 도움이 되지는 않는 업무들이 들어간다.

나는 절대로 첫번째 리스트에 있는 모든 업무들을 마치지 않고는 두 번째 리스트의 업무를 시작하지 않고, 두 번째 리스트에 있는 모든 업무들을 마치지 않고는 세 번째 리스트의 업무를 시작하지 않는다. 나는 항상 첫번째 리스트의 업무들을 그날 정오 안에 수행하는데, 그 시간에 나의 정신이 최고로 기민하고, 마음가짐 역시 최고로 건설적이기 때문이다 나는 또 항상 오후의 중반쯤까지 두 번째 리스트의 모든 업무를 수행한다. 세 번째 리스트의 업무들을 그날 중으로 마치거나 시간이 안 될 경우에는 다음 기회로 미루고 퇴근한다.

그런데 이러한 순서는 보통 사람의 경향과는 정반대이다. 가장 중요한 업무들은(즉, 첫번째 리스트) 일반적으로 그것을 파악하고 실행하기가 가장 어려워서 뒤로 미루거나 덜 급하고 덜 중요한 업무들, 즉 세 번째 리스트를 먼저 처리하려는 경향이 있다. 따라서 사업가는 항상 가장 중요한 업무를 처리하기에는 '너무도 바쁜' 사람이 되고 만다.

당신은 조직 내에서 가장 중요한 일이 가장 긴급히 수행되도록 해야 한다. 하지만 이러한 긴박감을 창출하는 것 이상으로 중요한 일이 있다. 그것은 업무가 아무리 복잡하다 해도, 그 일을 수행하는데 몇 분, 혹은 하루, 혹은 일주일, 혹은 한 달 이상 걸리는 중요한 업무란 없다고 말하는 기업 문화를 창출하는 것이다.

항상 마감 시한을 짧게 잡아라. 이 원칙을 고수한다면, 직원들은 밤샘 업무 대신 가치 없는 업무를 자신들의 스케줄에서 제거함으로써 마감 시한을 맞출 것이다. 이것이야말로 타이트한 마감 시한의 진정한 이점이다. 나의 철학은 항상 자원을 부족한 상태에 있게 하는 것이다. 왜냐하면 이것이 직원들이 진정으로 가치 있는 것과 그렇지 않은 것을 스스로 찾게 하는 유일한 방법이기 때문이다. 그 반대의 것도 항상 마찬가지다. 직원들에게 더 많은 시간을 주어보라. 그러면 업무 수행에 소요되는 시간이 허용될 수 있는 선까지 늘어날 것이다.

토의를 하기 위해 절대로 회의를 소집하지 마라. 결정하기 위해서만 회의를 하라. "다시 한번 검토해보겠다."는 말은 대답으로 받아들이지 마라. 이미 지금 모르는 것을 나중이라고 얼마나 더 알겠는가? 지금 당장 결정을 내리도록 하라. 그래야만 다음에 또 다른 결정을 내리거나 어떤 일을 성취할 수 있고, 그로 인해 생산성이 배가될 수 있다.

신속한 실행이 이익을 창출한다. 조직에서 꾸물대는 사람을 존경하는 사람은 아무도 없다. 우리는 '행동하는 사람'은 존경한다. 나는 사무실에 있을 때마다 직원들에게 무언가 더 일을 하라고 요구한다. 당신은 아마도 직원들이 나를 끔찍하게 여길 것이라고 생각할지도 모르겠다. 하지만 사실은 정반대이다. 직원들은 내가 사무실 밖에 있을 때 활력이 떨어지고, 반대로 내가 업무에 대한 긴박감을 갖고 사무실로 돌아왔을 때 조직이 활기차게 변하고, 진정으로 업무에 매진하도록 자극을 받는다고 말한다.

당신의 사업에서 긴박감을 조성하고, 창출하라. 그러면 조직 내 모든 직원들의 업무 집중도와 생산성이 수십 배 증가할 것이다.

13

기업문화를 행동으로 옮겨라

수익 지향의 문화를 직원들이 신뢰할 수 있게 만드는 것은
당신의 말이 아니라 행동이다.

리더십과 기업 문화, 행동, 그리고 결과는 끝없는 피드백의 순환 고리를 형성하고 있다. 당신은 말을 통해서도 수익 지향의 문화가 창출되도록 도울 수 있다. 하지만 정작 그것을 신뢰할 수 있게 하는 것은 당신의 행동이다. 행동은 성과를 낳고, 이는 당신이 보상받을 만한 직원들을 보상할 수 있게 한다. 그리고 보상은 다시 직원들로 하여금 수익 지향의 기업 문화를 신뢰하게 만들고, 결과적으로 그 문화는 강화된다. 이제 당신의 직원들 모두가 수익 지향의 방식으로 행동하기 시작한다. 그러면 성과는 몇 배로 증대되고, 선순환 고리는 또다시 시작된다.

이제 회사의 수익을 배가시킬 수 있는 보다 구체적이고 본질적인 몇 가지 행동에 대해 이야기할 차례다. 나는 우선 비용을 줄이는 일부터 시작할 것이다. 이것이 3부의 주제이다.

3부

비전략적 비용은 과감히 삭감하라

01 누가 이 책을 읽어야 하는가? 02 수입은 사업 경영의 시작이자 끝이다 03 분명한 기준을 세워라 04 회사란 무엇을 의미하는가? 05 수익에 소홀을 받아도 책에 대해 당당하라 06 중요한 것은 과정이 아니라 결과다 07 전략적 비용과 비전략적 비용 08 수익에 대한 생각하라면 아마 09 쓰다 버릴 만도, 과연 회의만도 적지 마라 10 고객 만족 극대화는, 과연은 쓰는가 11 일자리 지고도 변화하지 말라 12 일자리만 유지하라 13 수입 증가로 활동으로 옮겨라 **14 모든 비용은 통제 가능하다 15 먼저 줄여라, 그리고 나서 질문하라 16 독단적이고 비타협적으로 예산을 세워라 17 비용을 직접 청구하게 하라 18 어떤 비용도 안이하게 여기지 마라 19 평판을 염려하지 마라, 직원들은 당신을 존경한다 20 직원들은 적응력이 뛰어나다 21 가장 고통이 작은 곳부터 시작하라 22 구매 담당자가 가격 협상을 못하게 하라 23 악역이 필요하다 24 동결과 삭감을 선언하라 25 자주 경쟁 입찰에 붙여라 26 공급업체가 '노'라고 해도, 계속 공략하라 27 물품은 15%, 서비스는 30% 비용 절감이 가능하다 28 경쟁사가 얼마를 지불하는지 알아내라 29 물품과 서비스 사용을 줄여라 30 컴퓨터 구입을 즉시 동결하라 31 R&D를 연구원들에게 맡겨두지 마라 32 일반 경비 절감 요령 33 사무 공간 활용 원칙 34 사람들의 관심을 끌기 원하는가? 자신의 집무실을 포기하라 35 모든 지출 결의서에 직접 사인하라 36 자본 지출을 통제하라 37 재고를 없애라 38 직원을 해고하지 않는다면 뛰어난 기업을 가질 수 없다 39 인력을 부족한 상태로 두어라 40 임금을 경쟁사보다 높게 책정하라 41 복리후생 제도를 탄력적으로 운영하라 42 정기적인 상여금은 효과가 없다 43 직위를 부여하는 것이 더 저렴하다 44 6가지 동기 부여 방법 45 구조 조정을 단행하라 46 행정 관리직을 축소하라 47 스탭 부서는 작을수록 좋다 48 외부 인력 계약을 봉쇄하라 49 조직의 일상 습관을 변화시켜라 50 문서 작업을 중단시켜라 51 회의를 최소화하라 52 단합 행사를 없애라 53 지금까지 한 것을 반복하라** 54 외부의 정보 오직 자신의 입장 중심으로 55 조직과 관련 먼저 질문을 줄여 하여라의 만든 요인 56 경쟁사의 작은건 위한 분석 방안 요소 57 가장 많이 만든 가능의 악성의 입을 줄여라 58 어떤 비용 무리수하라 먼저 질문으로 쓰라 59 자신의 면으로 잦은의 같은의 줄인의 60 쓰다, 쓴 좋은 줄이는 방식... 동결이 없느냐 61 과연 지렇은 새로운의 어떤 기준의 쓰라 62 잘된 입금에는 쓰는의 쓴의의의 63 지금의 쌓을지 쓴 쓴의 64 자본의 큰 지렇 가장의 쓰라의 쓴의 만든의 65 쓰라의 입금만의의 쓴 쓰듯 점검 쓴 쓴다의 66 자보다는 잘된의의 인정의 서비스의 줄인의 67 관계 지렇하라 쓰면, 줄이보다 쓴의 68 그보다 쓰면의 쓴 기회의 없어 지렇의 점검의 쓰라의 69 지렇 쓰이 만들의의 쓴의 쓰라의 줄인의 70 기준 쓰이의 줄여 쓰이의 71 쓰라의의의 줄인의 72 쓰라되면 쓰이쓰다쓰듯 쓰라의 쓰이 쓰듯, 쓰라의의 쓰라쓰다 쓰듯 73 쓰라쓰다의 쓰쓰라 쓰쓰다쓰이 쓰다 74 쓰라의 쓰라쓰다 쓰라의 쓰라 쓰이의 쓰쓰이 쓰라쓰다 쓰라의 75 쓰쓰라의 쓰쓰라쓰이 쓰다 76 쓰쓰듯 쓰쓰라의 쓰쓰라쓰듯 쓰쓰듯 쓰다 77 쓰라의의의 쓰이다

14

모든 비용은 통제 가능하다

모든 비용은 통제될 수 있고, 제거할 방법을 찾기 위해 노력해야 하는
어떤 것으로 인식되어야 한다

비용을 줄이는 첫번째 출발은 모든 비용은 필요악이라고 보
는 것이다. 우리 사회의 많은 사람들은 비용 지출을 미덕으로
여기고 있다. 더 많은 비용은 더 큰 기업을 운영하고, 더 큰 사
무실을 관리하고, 더 많은 존경을 친구와 주변 사람들로부터 받
게 되는 것을 의미한다.

나는 매번 사람들이 나에게 내 기업의 규모를 묻는 것에 놀
란다. 그들은 나에게 만족하는 고객의 수나 수익의 규모가 아니
라 얼마나 많은 직원들을 두고 있는지를 묻는다. 그에 대한 나

의 대답은, 우리는 직원의 숫자(비용) 측면에서는 상대적으로 작은 기업이지만, 수익 측면에서는 큰 기업이라는 것이다. 물론 성공의 진정한 척도는 수익이며, 수익과 비용은 분명히 다르다.

나는 정말로 모든 비용은 잘해야 필요악이라고 본다. 그래서 실제로 사람들에게 "나는 비용을 믿지 않는다."고 말한다. 정말로 믿지 않기 때문이다. 비용은 어떠한 부문에서든 최대한 가능한 정도까지 무자비하게 삭감이 가능하다.

이러한 정책에 대한 확고한 표명은 모든 비용은 통제될 수 있는 것이고, 제거할 방법을 찾기 위해 노력해야 하는 어떤 것으로 인식되어야 한다는 것이다. 기업을 방문해서 빈 사무실 공간, 무료하게 잡지를 읽고 있는 안내원, 사용되지 않는 컴퓨터, 가치를 창출하지 못하는 관리자 등을 볼 때마다 나는 직관적으로 수익을 증가시킬 기회를 발견한다. 절대적으로 필수 불가결한 비용이란 것은 없다. 관리자, 컴퓨터 시스템 또는 자본 지출도 마찬가지다. 분명히 많은 비용들은 당신과 나의 면밀한 분석을 견뎌낼 것이고 정당성을 입증할 것이다. 하지만 당신은 일단 모든 비용에 대해 그것들을 제거하고자 하는 자세를 가져야 한다.

내가 진정으로 말하고자 하는 것은 마음속에서의(실제 과정이 아니라) 제로베이스 예산 책정이다. 어떠한 것이든 현재의 방식대로 행해져야 한다는 가정을 하지 마라. 대신에 "이 비용을 줄인다면, 실제로 매출이나 수익을 잃게 될까? 어떻게? 어디서?"라는 질문을 반복해보라. 어떻게, 어디서란 답을 찾을 수 없다면, 필요하지 않은 비용이다.

이러한 모든 사항들은 특히 비전략적인 비용에 잘 적용되지만 전략적 비용에도 적용된다. 전략적 비용(예를 들어, 영업 사원, 광고)은 원칙적으로 수익을 발생시킨다. 그렇지만, 잘 사용될 경우에만 해당한다. 진정으로 생산적인 지출에 좀더 많은 투자를 하기 위해서는 수익을 발생시키지 않는 전략적 비용 역시 줄여야 한다.

15

먼저 줄여라. 그리고 나서 질문하라

비용을 삭감하는 것에 부담을 갖지 마라. 만약 그것이 실수라면
누군가가 말할 것이고, 언제라도 다시 돌려놓을 수 있다.

경영자들이 범하는 흔한 실수는 비용을 삭감하는 데 지나칠
정도로 신중하다는 것이다. 그들은 이렇게 말한다. "우리가 적
절한 결정이라고 확신하지 않는 한, A라는 비용은 줄이지 맙시
다." 하지만 뒤집어 생각해볼 수도 있다. "우리가 그 비용이 꼭
필요하다고 확신하지 않는 한, A라는 비용을 지출하지 맙시다."

나는 한번은 5년 동안 함께 일했던 CEO에게 우리는 조직에
서 지출을 줄이는 쪽이 아니라 비용을 요구하는 쪽에 입증 책임
을 지워야 한다고 말한 적이 있다. 그 CEO는 내가 그 일을 해준

다면, 조직을 위해 그보다 더 좋은 일이 없을 것이라고 말했다.

비용을 삭감하는 것에 부담을 갖지 마라. 만약 당신이 실수를 했다면 누군가가 항상 말할 것이고, 그 비용은 언제라도 다시 돌려놓을 수 있다. 모든 조직이 항상 더 많은 비용을 요구한다. X부문의 인력을 6명에서 3명으로 줄인다면, 분명히 그들은 업무가 너무 과도하다고 말할 것이다. 15대의 PC를 10대로 줄인다면, 분명히 추가 요청이 들어올 것이다. 될 수 있는 한 비용을 **많이 줄여라. 그러면 당신은 실수를 바로잡을 수 있는 많은 기회를 얻게 될 것이다.**

일단 지출된 돈은 **영원히 날아가버린다.** 당신 자신부터 시작해서 조직 전체의 사고방식을 **바꾸어야만 한다.** 만약 **지출에** 의구심이 든다면, 더 많이 줄이고, 덜 쓰도록 하라. 비용 지출의 추세는 너무도 강력해서 단호하고 강력한 힘만이 그것을 중지시킬 수 있다.

16

독단적이고 비타협적으로 예산을 세워라

불필요한 비용을 없애기 위해 당신에게 필요한 것은 오직 단호함과
경험뿐이다.

'우선 비용을 삭감하고 질문은 나중에 하는' 경영 기법은
매우 빠듯한 예산을 세워서 해당 부서의 책임자에게 그 예산으
로 해낼 수 있는 방법을 찾아내도록 하는 것이다.

내가 함께 일한 한 전문 용역회사는 연간 매출이 5천만 달
러인데, 사무용품과 각종 서비스를 이용하는데 매달 25만 달러
를 쓰고 있었다. 대충 살펴본 결과, 아무도 이 비용을 통제하거
나 최소화하려는 시도를 하지 않았다. 나는 그들에게 내 경험으
로 볼 때 그 회사의 사무용품비가 수익 지향적인 기업보다 40%

이상 높다고 말해주었다.

우리는 다소 독단적으로 이전 지출의 60% 선에서 예산을 세웠다. 그리고 그것이 쓸 수 있는 돈의 전부이므로 예산을 초과해서는 안 된다고 선언했다. 우리는 그 외에 어떤 것도 하지 않았다. 예산은 첫 달부터 22개월 연속으로 충족되었다. 그 결과 연간 매출의 2.4%에 해당하는 120만 달러가 절약되었다. 우리가 이 정도를 절약하는데 투입한 시간은 결정을 내리는데 15분, 예산안을 알리는 통지서를 작성하는데 5분, 그리고 부서 책임자들에게 우리의 의도를 설명하는데 쓴 30분이 전부였다.

나는 비용 절감이 어떤 식으로 이루어졌는지 살펴보기 위해 후일 그 회사를 다시 방문했다. 나타난 바대로 각 부서 책임자들은 필요 이상의 재고, 낭비, 그리고 불필요한 요소들을 제거하는 데 있어 창의적이고 강력했다 비용 절감이 가능했던 비결은 그것이 행해지는 순서에 있었다. 우리는 각 부서 책임자들에게 어떤 비용이 삭감 가능한지 조사하고, 그것을 토대로 예산을 세우라고 요구하지 않았다. 내 경험으로 볼 때 이 접근 방법은 기껏해야 5%의 절감을 가져올 뿐이다. 그 대신 우리는 우리의 경험과 판단을 토대로 예산을 세웠고 부서 책임자들이 그에 대응하도록 했다. 만약 우리가 너무 많이 삭감했다면 그에 대해 이의 제기가 있었을 것이고, 결국은 예산을 추가했을 것이다.

당신의 조직에는 이러한 접근 방법으로 혜택을 얻을 수 있는 크고 작은 비용 영역이 수없이 많다. 추가로 얻을 수 있는 수익이 바로 거기에서 가져가라고 기다리고 있다. 그것을 얻기 위해 당신에게 필요한 것은 오직 단호함과 경험뿐이다.

17

비용을 직접 청구하게 하라

직원들이 비용을 청구하는 과정에 부담이 따르게 하라.
절대 작성하기 간단한 결재 양식을 만들지 마라.

비용을 절감하는 또 다른 효과적인 방법이 있다. 특정 비용 항목에 대해 그것을 없애지도 말고 예산을 책정하지도 마라. 그저 그 부문에 돈을 쓰고 싶은 사람은 개별적으로 승인을 받게 하라. 나는 새 비품, 임시 직원, 외부 용역의 사용 같은 많은 재량 사항에 대해 이 방식을 적용했다. 결과는 최상이었다. 일부 직원들은 나에게 왜 그 돈이 필요한지에 대해 가격하고 설득려 있는 사유서를 제출한다. 그러면 나는 그 요청들을 승인해준다. 하지만 이러한 요청은 상당히 드물다. 따라서 이전에 지출되었던 많은 돈들이 더 이상 청구되지 않으며, 쓰이지도 않는다.

모든 직원들은 익명으로 돈 쓰는 걸 좋아한다. 명분이 확실하지 않다면 어느 누구도 돈을 청구하기 위해 사장한테 가기를 원치 않는다. 이 단순한 방법이 가치 있는 지출과 낭비적인 지출을 거의 완벽하게 분리해 놓는다.

직원들이 비용을 청구하는 과정에 부담이 따르게 하라. 절대 작성하기 간단한 결재 양식을 만들지 마라. 접근하기에 다소 까다로운 사람이 되라. 언제나 직원들의 요청을 비판적으로 따지고 가능한 한 승낙하지 마라. 그런 평판이 나게 되면 시스템이 잘 돌아갈 것이다. 직원들 대부분은 낙담하겠지만 그래도 유익한 지출은 통과될 것이다. 당신이 너무 대하기 쉽고 상냥하면, 시스템은 당신에게 이익이 되지 않는다.

16단계와 17단계의 핵심은 절대 관례적으로 또는 뚜렷한 목적 없이 돈을 쓰지 말라는 것이다. 항상 돈을 쓰는 것을 그가치를 입증하기 위해 수차례의 어려움을 넘어야 하는 과정으로 만들어라.

18

어떤 비용도 안이하게 여기지 마라

1미터를 물러서면 1킬로미터를 미끄러질 수 있다. 모든 비용을
철저히 관리하면 당신의 메시지가 진지하게 받아들여질 것이다.

이 원칙은 매우 단순하다. 직원들에게 당신이 천 원짜리 물
건 하나에도 돈을 아끼기 위해 신경 쓴다는 것을 행동으로 보여
줘라. 그러면 그들은 그보다 더 큰 물건을 살 때 당신과 마찬가
지로 비용을 줄이기 위해 노력할 것이다.

필요악의 비용에도 예외는 없다. 1미터를 물러서며 1킬로미
터를 미끄러질 수 있다. 모든 비용을 철저히 관리하면 당신의
메시지가 진지하게 받아들여질 것이다. 그리고 일반적인 경비
들을 삭감하는 데서 놀라운 수익을 얻게 된다. 그것은 엄밀히

말해 지금껏 아무도 거들떠보지 않은 비용이기 때문이다.

일관성을 가져라. 크기에 관계없이 모든 비용은 반드시 그 가치를 입증해야 한다.

19

평판을 염려하지 마라.
직원들은 당신을 존경한다

당신의 태도가 확고부동하다면 훌륭한 경영자가 될 것이고,
훌륭한 경영자라면 직원들은 당신을 존경할 것이다.

어떤 경영자들은 자신들이 악덕하거나 좀스런 사람으로 여겨질까 봐 비용 절감에 나서는 것을 꺼리는 경향이 있다. 만약 당신이 하는 일에 유능하다면 이런 두려움은 전혀 근거가 없는 것이다. 유능한 이의 완고함은 분개가 아닌 존경심을 낳는다. 무능력하거나 평범한 이의 완고함은 분개를 촉발시킬 것이다. 당신이 충분히 훌륭하다면 당신의 완고함은 원성은 듣지 않을 것이다.

아이러니한 것은 대부분의 경영자들이 충분히 훌륭함에도

그 사실을 인식하지 못한다는 점이다. 앞서 말했듯이, 비용 절감과 수익 향상, 최고가 되는 데 사업의 초점을 맞추는 것은 단호한 결의면 되지 전문 지식이 필요한 것이 아니다. 일단 굳은 결의를 갖게 되면, 수익을 극대화하는 뛰어난 경영자가 되기는 비교적 쉽다. 이것은 단지 올바른 마음가짐을 갖고 얼마나 과감히 나아가느냐의 문제이다.

당신의 태도가 확고부동하다면 훌륭한 경영자가 될 것이고, 훌륭한 경영자라면 직원들은 당신을 원망하기보다는 오히려 존경할 것이다. 그리고 그러한 존경심이 다시 당신을 더 강인하고 훌륭하게 만들 것이다. 즉, 심리학자들이 말하는 매우 생산적이고 긍정적인 피드백의 순환 고리가 형성되는 것이다.

20

직원들은 적응력이 뛰어나다

어떤 비용 삭감은 가혹해 보인다. 하지만 짧은 기간이 지나면, 이른바
가혹한 변화는 일상적인 부분으로 자리잡는다.

내가 비용을 삭감할 때마다 누군가 이렇게 말한다. "아무래
도 이러이러한 직원 또는 부서는 비용 삭감 정책을 받아들이기
가 어려울 것입니다." 하지만 변화가 실행되고 6개월 후면 아
무도 전에 있었던 방식을 기억하지 못한다. 직원들은 신속히 새
로운 기대 수준에 적응하기 때문이다.

5년 전 나는 워싱턴 지점을 시내에서 교외로 이전했는데,
그 과정에서 수십만 달러의 임대료를 절약할 수 있었다. 당시
회사의 몇몇 관리자들은 교외로 지점을 옮기는 것을 반대했다.

이유인즉, 신입사원을 모집해야 하는데 그들이 교외로 출퇴근하는 것을 꺼린다는 것이었다. 그들은 이 같은 주장을 강력하게 되풀이했다. 하지만 내 대답은 분명했다. 우리 회사는 좋은 일자리를 가진 좋은 기업이다. 직원들은 결국 적응하게 될 것이다. 지점 이전으로 심한 불편을 겪는 장기 근속 직원들에게는 적절한 보상을 제공할 것이다. 하지만 비용 절감을 회피하는 것은 말이 안 된다.

작년에 우리는 시내에 있는 거래처로 보내는 소포의 경우 특송 서비스 이용을 중지했다. 이로 인해 절약된 돈은 연간 2만 달러였는데, 이는 우리 회사 규모로 볼 때 결코 작은 액수가 아니다. 내가 이러한 변화를 발표했을 때 직원들이 말했다. "그것이 어떻게 가능하다고 그러세요? 소포들을 어떻게 보내시려구요?"

그런데 6개월 후 우리는 그 변화에 적응했다. 일부 소포들은 일반 우편으로 보내고, 일부는 직원들이 퇴근길에 직접 배달한다. 우리 회사의 몇몇 물품 공급업체들도 이제는 배달 서비스로 40달러를 물기보다 직접 실어다준다.

요점은 불가능하게 보였던 변화가 지금은 일상적인 부분이 되었다는 것이다. 이것은 거의 항상 사실이다. 당신이 회사의 기존 방식에 익숙해져 있기 때문에 어떤 비용 삭감은 가혹해 보인다. 하지만 짧은 기간이 지나면, 이른바 가혹한 변화는 일상적인 부분으로 자리잡고 그다지 어려움을 느끼지 않게 된다. 직원들이 그들의 기대와 행동 방식을 조정하기 때문이다. 그리고 이로 인해 절약된 돈은 직원들의 급여를 포함한 더욱 중요한 지출에 쓰여질 수 있다.

21

가장 고통이 작은 곳부터 시작하라

공급업체들은 크게 비용을 줄일 수 있는 잠재적 원천이고, 상당한
비용 축소가 비교적 작은 노력으로 가능한 대상이다.

많은 경영자들이 비용 삭감이 불가피하다고 느끼지만, 그들
의 조직에 고통을 부과하는 것은 썩 내켜하지 않는다. 비용을
줄이는 가장 손쉬운 방법은 물품과 용역을 공급하는 업체에게
지불하는 가격을 공격적으로 관리하는 것이다.

공급업체들은 크게 비용을 줄일 수 있는 잠재적 원천이고,
상당한 비용 축소가 비교적 작은 노력으로 가능한 대상이다. 당
신의 사업에서 총비용의 몇 퍼센트가 물품과 용역 구입으로 쓰
여지는가? 많은 사업들에서 그 수치가 높은 것은 50%에서 70%

까지 이르고, 낮아도 20% 이하는 드물다. 물품과 용역이 총비용의 50%를 차지한다면, 여기서 단지 8%만 줄여도 순익은 거의 4%가 증가한다. 이는 수익 면에서 상당한 정도의 효과이다.

구매 부문이 이렇게 상당한 수익 창출의 기회인 이유는 오랫동안 경영자들에 의해 그것이 거의 무시되어 왔기 때문이다. 경영자들은 고객들에 관해 열심이며, 적극적으로 관리한다. 그들은 또한 직원들에 대해서도 신경을 많이 쓰고 의식적으로 관리한다. 그러나 구매는 종종 경영자가 신경 쓸 가치가 없는 행정적인 사항으로 간주된다.

나는 경영자들에게 다음과 같은 질문을 자주 해본다. "당신이 만약 올해 회사 순익을 2% 올리면 100만 달러의 보너스를 받고, 그러지 못할 경우 보너스가 없다고 할 때, 어디서 가장 확실히 2%를 올릴 수 있다고 보십니까?" 고객들이 돈을 더 많이 내게 해서인가, 아니면 공급업체들이 적게 청구하게 해서인가? 그들은 언제나 "공급업체"라고 답한다. 이는 그들이 공급업체에 지불하는 가격을 관리하는 일을 다른 사업 분야를 관리하는 것만큼 잘하지 못해 왔다는 무언의 인정이다.

나는 기차 화물칸을 제조하는 한 회사의 비용을 낮추는 일을 맡은 적이 있다. 도착한 첫날에 사장은 나를 공장으로 보내서 공장의 주요 간부들을 만나게 했다. "공장에서 비용을 삭감할 방법을 찾아보시오." 사장이 내게 말했다.

얼마 후, 나는 일정을 중단하고 사장과의 면담을 요청했다. 나는 물었다. "비용의 몇 퍼센트가 제조에 들어가고, 몇 퍼센트가 구매에 들어갑니까?" 사장은 몇 가지 서류를 뒤적거리더니 화물칸의 옆면과 가장자리 그리고 밑부분 자재들을 구입하는데 총비용의 80%가 들어간다고 대답했다. 제조는 비용의 10%를 차지했고 다른 관리 비용들이 모두 합해서 10%였다.

"마지막으로 제조 비용 절감 방안을 연구한 때가 언제입니까?"라고 내가 물었다. "오, 2년마다 합니다." 그가 나를 안심시켰다. "하지만 충분치는 않습니다. 우리는 아직 경쟁사에 비해 제조 비용이 높고 이윤도 많이 남기지 못합니다." 다시 내가 질

분했나. "그러면 마지막으로 구매 비용 절감 방안을 연구한 건 언제인가요?" 그가 대답했다. "우리는 단지 철강과 페인트 등을 구매할 뿐입니다. 담당 직원이 그 일을 상당히 잘하고 있습니다." 사장의 말을 듣고 나서, 나는 그에게 구매에서 5%를 절감하면 총비용을 4% 낮출 수 있다고 설명했다. 제조 부문에서 이와 동일한 절감 효과를 얻으려면, 비용의 40%를 낮추어야만 할 것이다.

우리는 구매 비용을 공략해서 실제로 비용의 9%를 절감했고, 총비용의 7.2%를 줄일 수 있었다. 이 조치만으로 회사 수익은 2배로 늘어났다.

22

구매 담당자가 가격 협상을 못하게 하라

공급업체가 가격을 인하하도록 하기 위해서는 구매 담당자에게만
협상을 맡겨놓으면 안 된다.

공급업체와 가격 협상을 하기에 가장 적절하지 않은 사람이
바로 구매 담당자이다. 구매 담당자는 공급업체를 잘 알고 그들
과 개인적인 유대 관계를 형성할 수밖에 없다. 그렇기 때문에
그는 공급업체를 상대로 냉정하게 최상의 가격 협상을 하기가
어렵다. 공급업체가 적극적으로 가격을 인하하도록 하기 위해
서는 외부에서 그 관계에 충격을 주어야 한다.

내 말은 구매 담당자가 공급업체와 말 그대로 협상할 수 없
다는 뜻이 아니다. 이는 구매 담당자에게만 협상을 맡겨놓으면

안 되며, 구매 담당자가 공급업체를 상대로 최대한 쥐어짜게 하는 방책이 필요하다는 것이다. 여기에 필요한 외부 충격을 주는 몇 가지 방법이 있다.

23

악역이 필요하다

공급업체로부터 양보를 받을 수는 있어도 양보를 할 수는 없게
만들어야 한다.

    누군가는 엄격해야 한다. 그는 회사의 사장일 수도 있고, 특별히 임명된 구매 비용 삭감 전문가일 수도 있고, 뛰어난 협상력과 수익 지향적인 마인드를 갖춘 관리 직원일 수도 있다(이러한 사람들을 찾았을 때 죽기 살기로 매달려라. 그들이 수백 배로 되돌려줄 것이다). 또는 실제로 실행할 수 있는 권한을 부여받은 외부 컨설턴트일 수도 있다.

    그가 누가 되었든지 간에 당신은 악역 한 명을 두어야 한다. 그 사람의 역할은 각각의 구매 항목 비용을 일일이 따지고(가장

큰 액수의 항목부터 시작하여), 구매 담당자가 공급업체에 마지못해 전달하는 완고하고 독단적인 가격을 제시하는 일이다. "부장이 이게 우리 회사에서 지불할 수 있는 최고 가격이라고 하네. 불만스럽더라도 나로선 어쩔 수가 없네. 자, 거래 할 건가, 안 할 건가?"

협상의 제1원칙은 당신 쪽 협상가의 손을 묶는 것이다. 그래서 공급업체로부터 양보를 받을 수는 있어도 양보를 할 수는 없게 만들어야 한다. 당신의 구매 부서에 이 원칙을 적용하라.

24

동결과 삭감을 선언하라

얼마나 많은 공급업체들이 가격 3% 인하에 동의하는지 깜짝 놀랄 것이다.

여기 즉각적으로 수익을 증가시키는 방법이 있다. 당신의 회사와 거래하는 모든 공급업체에 힘든 시기이니만큼 당분간 가격 인상을 받아들이지 않을 것이니 추호도 가격 인상할 생각은 하지 말라는 공문을 보내라.

공급업체 중 절반은 공문을 무시해버릴 것이다. 하지만 나머지 절반은 가격을 동결시키고 예정된 가격 인상을 취소할 것이다. 공문을 무시한 공급업체에 대해서도 계속 그 입장을 고수하면 그 중 반은 굴복한다. 이런 식으로 해서 당신은 올해 사업에서 많은 돈을 아낄 수 있다.

다음은 고급 단계다. 똑같은 요지의 공문을 보내되 가격 동결이 아니라 전면적인 3% 삭감을 선언하라. 반드시 공문은 위압적인 고위직 인사의 명의로 발송하라. 그리고 당신 쪽 협상가(구매 담당자)의 손을 묶어버려라. 얼마나 많은 공급업체들이 가격 3% 인하에 동의하는지 당신도 깜짝 놀랄 것이다.

가격을 인하하지 않는 업체에는 청구서가 왔을 때 구매 담당자로 하여금 3%를 공제하도록 하라. 그리고 "우리 사장님이 보낸 공문을 보지 않으셨어요? 대체 어쩌자는 겁니까? 제가 해고당하는 것을 보고 싶으세요!"라고 말하게 하라. 또 다른 많은 업체들이 그 시점에서 항복해올 것이다.

25

자주 경쟁 입찰에 붙여라

어떤 품목이라도 경쟁 입찰 없이 받아들인 모든 가격 인상은
낭비된 돈이다

경쟁 입찰을 당신의 사업에 시도해보라. 당신이 구매하는
상위 50개의 품목을 놓고 볼 때, 마지막으로 각각의 품목들을
경쟁 입찰에 부쳤던 때가 언제인가? 아마도 지난 1년 이상 동안
경쟁 입찰에 부치지 않은 수많은 품목들이 있을 것이다. 어떤
회사들의 경우는 그 기간이 3년, 5년이 될 수도 있고, 아니면 전
혀 해보지도 않았을 수도 있다.

어떤 품목이라도 경쟁 입찰 없이 받아들인 모든 가격 인상
은 낭비된 돈이다(당신 회사의 공급업체들에게 가격 인상을 하면 경

쟁 입찰에 부치겠다고 통고하라. 즉각 그 많은 가격 인상의 품목 수가 절반으로 줄어들 것이다).

모든 중요한 품목이나 다소 중요한 품목의 경우 1년에 한 번은 정말로 경쟁 입찰에 부쳐보거나, 그것이 너무 번거롭다면 공급업체에 입찰에 부치겠다는 통고라도 해보라. 틀림없이 효과가 있을 것이다.

우리가 엄청나게 많은 돈을 지불하는 사무 서비스 공급업체가 하나 있다. 우리는 그 업체를 6개월간 이용해 오고 있다. 지난 달 내가 가격을 낮출 것을 요구하기 위해 사람을 보냈는데, 그쪽에서 "죄송하지만 가격이 이미 상당히 낮은 상태입니다. 더이상 낮출 수는 없습니다."라고 말하는 게 아닌가. 나는 우리가 그 업체 매출의 10%를 차지한다는 사실을 주지시키기 위해 직원을 다시 보냈다. 그쪽의 답은 이랬다 "귀사에 정말 감사드리지만, 우리는 이미 최상의 가격을 귀사에 드리고 있습니다. 더이상 내려드릴 수는 없군요."

최종적으로 나는 직원을 통해 그쪽에 전화를 걸어서 그 업체와의 관계를 끝내고 다른 4개 기업을 상대로 입찰에 부친다고 통고했다. 그 업체 역시 원한다면 입찰에 참여할 수는 있겠지만, 우리가 그쪽의 가격을 수용할 수 없다는 사실을 이미 알고 있기 때문에 괜한 헛수고를 하진 않을 것이다. 그 업체는 바로 그날 공급가를 20% 낮추었고, 가격을 더 내릴 수 있는지 방법을 연구해보겠다고 전해왔다.

　　우리는 결코 입찰에 부치거나 그럴 의도를 갖고 있진 않았다. 그 공급업체가 우리 회사를 포기할 수 있는 입장이 아니라는 것을 알았기에 전혀 그럴 필요가 없었던 것이다.

26

공급업체가 '노' 라고 해도, 계속 공략하라

당신의 협상 상대는 공급업체의 영업 사원이고, 그들은 대개가 최악의
협상가임을 잊지 마라.

앞서 언급한 예는 또 다른 교훈을 담고 있다. 즉, 공급업체의 '노' 라는 대답은 거의 대부분이 '절대 안돼' 라는 의미가 아니라 단지 '그렇게는 할 수 없다' 의 의미일 뿐이다.

나는 얼마나 많은 사람들이 첫 대답을 최종 대답으로 받아들이는지를 알고 깜짝 놀라곤 한다. 그건 단지 협상인 뿐이다! 요구하고, 요구하고, 또 요구하라. 그러면 그들은 대개 두 손을 들 것이다. 그 이유는 당신을 설득하는 데 진력이 나고, 한시라도 빨리 다른 일에 착수해야 하기 때문이다.

당신의 협상 상대는 공급업체의 영업 사원이고, 그들은 대개가 최악의 협상가임을 잊지 마라. 그 사람들은 가격에는 신경 쓰지 않고 오직 판매가 성사되기만 원한다. 판매의 성사가 가격을 내리는 데 달려 있다고 확실히 믿게 만들어라. 그러면 가격은 대폭 내려갈 것이다.

27

물품은 15%, 서비스는 30%
비용 절감이 가능하다

서비스 공급업체는 고정 비용이 높은 편이고, 어떤 가격대에서든지
판매가 늘수록 이익이 증가하는 구조를 갖고 있다.

서비스의 경우 30%의 비용 절감이 가능하다. 공급업체의
고정 비용은 종종 높은 편이고, 어떤 가격대에서든지 판매가 늘
어날수록 이익이 증가한다. 물품의 경우, 만약 당신이 오랫동안
가격에 대해 공격적이지 않았고 많은 불필요한 가격 인상을 계
속해서 수용해 왔다면, 15% 이상 절감할 수 있다.

모든 품목에 대해 30%와 15% 절감이 정말 가능할까? 물론
아니다. 하지만 어떤 품목에 대해서는 더 높은 비율의 절감도
가능하다. 30%와 15% 절감은 구매하는 전 품목에 대해 평균적

으로 가능한 수치이다. 만약 당신이 비용 절감에 실패하거나 목
표치의 75%만 달성한다면, 여전히 더 많은 비용을 절감할 여지
가 남아 있는 셈이다.

28

경쟁사가 얼마를 지불하는지 알아내라

당신의 경쟁사 중 한두 곳은 공급업체에 상당히 낮게 지불하고 있을
것이다.

　　당신의 공급업체로부터 모든 것을 쥐어짠 뒤에도 주요 구매
품목 중 일부의 가격을 더 낮출 수 있는 한 가지 조치가 더 있
다. 당신의 경쟁사가 누구로부터 얼마에 구매하는지 알아내라.
확실히 경쟁사 중 한두 곳은 상당히 낮게 지불하고 있을 것이
다. 심지어 박스나 종이와 같은 소위 범용 제품의 경우에도 그
러하다.

　　그 다음에는 조사한 자료를 사용하라. 당신은 경쟁사의 공
급업체에 찾아가서 똑같은 거래 조건을 요구할 수도 있고, 그

자료를 당신의 공급업체에 제시할 수도 있다. 이 방법 역시 효과가 있다. 당신의 공급업체는 항상 최상의 가격으로 제공하고 있다고 말해왔기 때문에 더 낮은 그 가격을 수용할 것이다.

경쟁사들이 그들의 공급업체에 얼마를 지불하고 있는지 어떻게 알아낼 수 있을까? 때때로 당신은 흘러다니는 비밀 정보나 경쟁사 사정을 잘 아는 정보원을 통해 알아낼 수 있다. 그렇게 하기가 어렵다면, 경쟁사의 공급 비용을 전문적으로 알아내는 기관을 고용하는 것도 한 가지 방법이다. 이 방법은 쉽고 비용도 많이 들지 않는다. 어떤 방법으로든 경쟁사가 주요 구매 품목에 대해 지불하는 비용을 알아내라. 그러한 노력은 들인 비용에 비해 틀림없이 백 배 이상의 이득을 가져다줄 것이다.

29

물품과 서비스 사용을 줄여라

대부분의 회사에서 물품이나 서비스를 마음대로 사용하는 것이
당연한 권리인 것처럼 간주된다.

구매하는 품목의 가격을 깎아 많은 비용을 절감할 수 있지
만, 구매한 물품이나 서비스의 사용을 줄임으로써 잠재적으로
훨씬 더 큰 비용을 절감할 수 있다.

절감 대상은 지출 비중이 높은 일상 품목에서 지출 비중이
매우 높은 핵심 품목까지 다양하다. 회사 내 누군가가 적극적으
로 사무 비품의 사용을 통제하고 있는가? 컴퓨터 하드웨어, 소
프트웨어, 그리고 서비스에 대해서는 어떠한가? 얼마나 공격적

으로 공장에서의 낭비를 관리하는가? 경영 컨설턴트나 엔지니어링 컨설턴트와 같은 외부 컨설턴트의 고용에 대해서는 어떠한가? 모든 직원들이 일상적으로 그리고 아무런 제약도 없이 특송 서비스를 이용하고 있지는 않은가?

대부분의 회사에서 물품이나 서비스를 마음대로 사용하는 것이 당연한 권리인 것처럼 간주된다. 편리성에 의문을 제기하는 것은 무례한 일이 되었다. 하지만 잠재적인 비용 절감의 규모는 한 가지 중요한 사실을 시사한다. 즉, 물품이나 서비스의 사용을 지능적이고 공격적으로 최소화하지 못하는 것은 거대한 수익의 상실을 의미할 뿐만 아니라 핵심 영역에서의 리더십 포기를 의미한다.

다음 단계에서는 사용을 줄일 수 있는 많은 구매 품목에 대해 논할 것이다.

30

컴퓨터 구입을 즉시 동결하라

사람들이 '생산성 향상'을 이유로 컴퓨터 시스템에 더 많은 돈을
쓰자고 수시로 주장하는 것에 놀라움을 금치 못한다.

컴퓨터는 오늘날 기업에서 가장 잘못 관리되고 있는 품목
중 하나일 것이다. 중년 이상의 수많은 관리자들은 개인용 컴퓨
터가 존재하지도 않던 시대에 교육을 받았고, 따라서 컴퓨터 세
대인 젊은 부하 직원들에 비해 상당히 불리한 처지에 있다. 심
지어 컴퓨터를 다룰 줄 아는 관리자와 직원들조차 점점 더 복잡
해져가는 컴퓨터 기술에 대해 정도는 달라도 모두 두려움은 느
끼고 있다. 훨씬 더 해로운 것은 많은 기업들이 그 투자 효과에
관계없이 끊임없이 진보하는 컴퓨터 기능 자체를 그 보유 목적
으로 인식한다는 것이다.

컴퓨터에 대한 무지와 현혹의 결과, 많은 경영자들이 컴퓨터 구매 책임을 포기하고 MIS 관리자와 개인 사용자들에게 구매 결정을 맡기고 있다. 이것은 당신의 집에 가구를 들여놓는데 얼마를 쓸 것인지를 인테리어 업자가 결정하도록 내버려 두는 것과 다를 바 없다.

최근에 내 회사의 어떤 직원이 보고서를 제작하는데 필요한 하드웨어와 소프트웨어의 업그레이드 승인을 요청했다. "왜 우리가 돈을 써야 하는 거지?" 내가 물었다. 대답은 "우리 시스템이 낡았기 때문이죠."였다. "우리 회사의 목표는 최신 컴퓨터 시스템을 보유하는 것이 아니라 돈을 버는 것이지 않소? 다시 말해보시오. 어째서 우리에게 그 같은 업그레이드가 필요한 것인지?" 그 직원이 대답하길, "시스템이 구형이라 작업을 하기 위해 파일을 불러들이는데 3, 4분을 기다려야만 합니다. 우리가 절감할 수 있는 돈을 생각해보세요." "좋소, 돈에 대해 생각해봅시다. 이 부서의 평균 인건비가 얼마지?" 매주 얼마나 자주 3, 4분씩 기다려야 하지? 기다리는 동안 직원들이 아무 것도 하지 않는다고 가정하고 그 비용을 급여 측면에서 계산하면? 그 문제를 해결하기 위한 업그레이드 비용은 얼마나 되나? 시간상의 절약이 업그레이드 비용을 만회하는데 드는 기간은 얼마인가? 계산을 해보니, 26년 후에야 손익분기점에 도달한다. 말할 필요도 없이 우리는 업그레이드를 하지 않았다.

나는 사람들이 '생산성 향상'을 이유로 컴퓨터 시스템에 더 많은 돈을 쓰자고 수시로 주장하는 것에 놀라움을 금치 못한다. 하지만 아무도 그 이득을 실질적으로 계량화하고 투자 비용에 대한 손익 분석을 행하지 않는다. 당신은 그러한 방식으로 공장을 건설하진 않을 것이다. 하지만 그러한 방식으로 컴퓨터를 산다! 너무 많은 컴퓨터 구매들이 정당화되고 있다. 그러나 그 중 많은 경우가 정당하지 못하다. 수익을 극대화하는 훌륭한 경영자들은 무엇이 정당한지를 결정하는데 책임을 져야 한다.

비용 절감의 또 다른 중요한 영역은 자주 사용하지 않는 컴퓨터 시스템, 특히 개인용 컴퓨터들이다. 대부분의 기업들은 직원 한 사람당 책상 위에 개인용 컴퓨터가 놓여져 있다. 물론 업무상 컴퓨터를 자주 활용해야 하는 일부 직원들은 반드시 보유

해야 한다. 하지만 일부 직원들은 하루 내지 3일에 한 번 30분 정도 컴퓨터를 사용한다. 이는 수많은 돈이 활용되지 않고 책상 위에 놓여 있다는 뜻이다. 그 컴퓨터들을 없애라. 그래도 그다지 아쉬울 게 없을 것이다. 대신에 공동 영역에 컴퓨터를 설치하고 함께 사용하도록 하는 것이 효과적이다.

자, 이제 당신은 수익을 증대시키고 싶은가? 그렇다면 컴퓨터 구입을 즉시 동결하라. 누군가가 컴퓨터를 필요로 한다면, 컴퓨터를 거의 사용하지 않는 다른 직원의 것을 주도록 하라. 이런 식으로 사용되지 않는 모든 컴퓨터를 찾아내는 데 수년이 걸릴 것이다(실제로는 그것들을 다 찾아낼 수가 없을 것이다. 당신이 활용되지 않는 컴퓨터를 찾아내기 전에 직원들은 자신들의 컴퓨터가 쓸모없게 되어서 새것이 필요하다고 주장할 것이기 때문이다).

컴퓨터를 관리하는 방법을 터득하라. 그러나 컴퓨터와 사랑에 빠지거나 컴퓨터로부터 도망가는 짓은 하지 마라. 그렇게 될 경우, 당신은 막대한 비용을 지불하게 될 것이다.

31

R&D를 연구원들에게 맡겨두지 마라

연구원들이 특정 프로젝트의 가치를 당신이 이해할 수 있도록 쉽게
설명할 수 없다면, 자금을 지원하지 마라.

더 오래되고, 경우에 따라서 더 중요한 문제가 R&D이다.
중역들은 그들이 컴퓨터 관리를 회피하는 것과 비슷한 이유로
연구개발에 관해서도 철저히 조사하려 하지 않는다. 중역들은
자기가 회사에서 가장 유식한 사람이 되고 싶어한다. 하지만 종
종 연구원이나 엔지니어들과 연구개발에 관해 이야기를 나눌
때는 꿀먹은 벙어리가 되곤 한다. 그래서 중역들은 연구원들이
알아서 잘하리라 믿으면서, 연구개발을 그들에게 맡겨둔다.

좋은 소식은 연구원들이 과학기술에 대해 잘 알고 있다는

것이다. 나쁜 소식은 연구원들이 경영관리와 수익을 창출하는 방법을 모른다는 것이다. 연구개발을 전적으로 연구원들에게 맡겨놓고 있다면, 당신은 그들이 두 가지 모두를 잘하고 있다고 믿는 것과 같다.

사람들은 벨 연구소가 세상에서 가장 우수한 연구개발 조직이라고 말한다. 나는 "그 말이 무엇을 의미하는 겁니까?"라고 묻는다. "그들은 세계의 다른 어떤 연구개발 조직보다도 첨단기술 분야의 뛰어난 박사들이 많지요." 아마도 사실일 것이다. 하지만 불행히도, 그들이 세계의 다른 어떤 연구개발 조직보다도 돈이 될 만한 새로운 상업적 제품을 적시에 시장에 내놓지 못한다는 것도 사실이다. 그들은 가장 우수한 연구개발 조직인가, 아니면 최악의 연구개발 조직인가?

이 책의 다른 내용들에서처럼, 연구개발에서 비용을 절약할 마법은 없다. 그것은 단지 당신의 엄격한 관심을 필요로 할 뿐이다. 그리고 몇 가지 원칙이 있다.

● 사내의 다른 부서를 대상으로 할 때처럼 편안한 마음으로 연구개발 지출 항목들을 꼼꼼히 검토하라.

● 연구원들이나 엔지니어가 특정 프로젝트의 가치를 당신이 이해할 수 있도록 쉽게 설명할 수 없다면, 거기에 자금을 지원하지 마라. 이 정책을 견지하라. 당신이 기술적 전문 지식이 없다는 이유로 결코 포기하거나 굴복하지 마라. 만약 그들이 연구 성과의 잠재적 가치를 문외한도 알아듣게 설명할 수 없다면, 당신이 어떻게 프로젝트를 관리하고, 영업 사원들은 어떻게 그것을 팔겠는가?

● 연구개발 또는 기술 부서 인력에게 모든 프로젝트와 지출을 다섯 가지 범주로 구분하게 하라.

1. 기초적 연구개발
2. 신상품 연구개발
3. 기존 제품의 개량
4. 공정 연구개발. 즉, 공정상의 비용 절감을 위한 연구개발

5. 고객 연구개발. 즉, 제품을 고객의 욕구나 용도에 맞추기
위해 고객과 함께 행하는 작업

이 같은 구분은 연구원이나 엔지니어들로 하여금 쉬운 용어로 말하게 하고, 프로젝트를 사업적 관점에서 생각하게 하는 데 큰 효과가 있다. 힌트를 하나 주자면, 가장 수익성이 뛰어난 회사들은 경쟁사들에 비해서 5번 항목(고객 연구개발)과 4번 항목(공정 연구개발)에 더 많은 돈을 쓰고, 1번 항목(기초적 연구개발)에는 덜 쓴다. 그들은 보통 3번 항목에 대해서는 경쟁사보다 약간 더 쓴다. 2류 내지 3류 회사들은 그 반대이다.

당신의 연구개발 또는 엔지니어 조직이 수익 지향적인지를 파악할 수 있는 몇 가지 방법이 있다.

● 연구개발 조직에서 포상을 받는(승진을 하거나 사보에 사진이 실리거나 하는) 이는 어떤 사람인가? (상업적이지는 않지만) 과학적 성과를 이룬 엔지니어인가, 아니면 제조 공정을 개량해서 제품 원가를 낮춘 사람인가? 대개는 전자가 그에 해당된다. 그러

나 후자가 그 대상이 되어야 한다.

● 연구개발 또는 엔지니어 조직은 기술 전파에 얼마나 적극적인가? 일반적으로 기술 전파는 연구원들의 우선 순위가 아니다. 그들은 뭔가를 발명하는 것 자체를 좋아한다. 한 연구소나 공장에서의 기술 개선을 다른 연구소나 공장과 공유하는 시스템을 만들어라. 그러면 현재 연구 인력의 절반만으로도 충분할 것이다.

● 당신의 '기술 사명 선언'은 무엇인가? 기술을 발전시키는 것인가? 아니면 보다 저렴한 비용으로 고객이 원하는 것을 만들어냄으로써 돈을 버는 것인가? 기업의 연구개발은 모두 후자에 집중되어야 한다. 그러나 연구원이나 엔지니어들이 스스로 그렇게 할 것이라 기대하진 마라. 연구개발에 들인 투자로부터 수익을 극대화하는 데 당신이 개인적 관심을 기울이지 않는다면 대단히 많은 돈이 낭비될 것이다.

그런데 일부 다른 분야와는 달리, 연구개발에서의 저항은 상대적으로 적을 것이다. 대개 연구원들은 매우 명석하고 순수한 의도를 갖고 있다. 회사의 사명과 그들의 역할만 잘 설명해주면 누구보다 빨리 이해하고, 빨리 변화하며, 성실히 일하는 사람들이다. 연구원들은 상대적으로 정치적인 것에는 관심이 없다. 그들이 필요로 하는 것은 당신의 훌륭한 리더십이다.

32

일반 경비 절감 요령

일상적 비용들을 절감하는 것은 직원들에게 회사의 전반적인 비용
절감 노력의 중요성과 철학을 전달한다.

수많은 일상적 지출 항목에는 엄청난 비용 절감 요소가 내
포되어 있다. 이러한 비용들을 절감하는 것은 직원들에게 회사
의 전반적인 비용 절감 노력의 중요성과 철학을 전달한다. 경비
를 줄이는 방법으로 다음의 조치들을 권한다.

● 1등석 출장 – 당신 자신을 포함해서 모든 직원들에게 1등
석 출장을 금지하라. 나는 지난 10년 동안 1등석으로 출장 다니
는 것을 즐겼다. 하지만 나 자신을 포함해서 모든 사람이 2등석
을 이용하도록 바꾸었고, 몇 달 후에는 익숙해졌다. 당신이 마

음을 2등석에 두기만 하면 거기서도 얼마든지 편안히 여행할 수 있다. 지금 나는 2등석에 앉아 있고, 그것이 올바른 선택이라고 느낀다. 이는 나의 전반적인 경영 스타일과도 일치한다. 나는 나 자신이 중요한 사람이라는 확신을 갖기 위해 넓은 좌석을 필요로 하지 않는다.

● 기타 출장 – 출장이 꼭 필요한 것인지 확인하라. 대다수의 사람들은 도시를 벗어나서 여행하는 것을 좋아한다. 직원들이 출장을 가지 않고도 전화나 이메일로 처리할 수 있다면, 그렇게 하게 하라.

● 지출 정산표 – 누군가는 매달 지출 정산표를 검사할 필요가 있다. 혹은 무작위로 추출해서 검사하라. 부적절하거나 과다한 청구를 한 누군가를 발견하면, 그들에게 이런 메모를 보내라. "당신은 걸렸지만, 이번에는 용서하겠소. 그러나 또다시 이런 일이 벌어진다면 결코 어림없소." 그 직원의 지출 정산표는 적어도 1~2년 정도는 다시 문제를 일으키지 않을 것이다.

● 사무 가구 - 사무 가구에 대한 모든 지출을 동결하라. 백지 수표를 주면, 사람들은 언제나 새것을 구입한다. 그러나 지출을 동결하고 방법을 찾아보라고 하면, 사내 어디에선가 반드시 쓸 만한 물건을 찾아낸다. 누군가 새로운 가구를 사야 할 필요가 있다면, 승인을 받게 하라.

● 사무 용품 - 사무 용품 예산을 40% 줄이면 직원들이 좋아할 리 없다. 그러나 즉시 그렇게 하라. 그들은 곧 적응한다.

● 복사기와 사무기기 - 당신의 회사에 있는 많은 복사기와 사무기기들이 정말로 필요한 것인가? 복사하기 위해 조금 더 걸을 수는 없는 건가? 많이 걸어야 한다면 복사를 적게 할테니 그게 더 나을 수도 있다.

● 유지 보수 - 복사기, 개인용 컴퓨터, 사무기기에 관한 모든 유지보수 계약을 취소하거나 갱신하지 마라. 당신은 이러한 계약의 적정 가격이 얼마라고 생각하나? 공급업체는 전 계약 기간 내에 소요될 부품 비용과 인건비를 결정하고 거기에 보험료

를 추가한다. 그러나 복사기 수리에는 상대적으로 적은 비용이 든다. 그리고 이런 사소한 위험에까지 보험을 들 필요는 없다.

● 정기 간행물 구독 - 이것은 진부한 생각이기도 하지만, 좋은 생각이기도 하다. 회사에 정말로 많은 부수의 잡지가 필요한가? 함께 볼 수는 없는가? 자료실에는 모든 종류의 잡지, 데이터, 보고서가 반드시 구비되어야 하는가? 보통 회사의 경우, 약 75%의 정기 간행물이 회사에 실질적인 손해를 끼치지 않으면서 취소될 수 있다.

● 전화 - 우선 통화요금을 낮출 수 있는 방법을 파악하라. 그런 다음 모든 전화기를 아주 단순한 기능만 갖춘 전화기로 대체하라. 대부분의 사람들은 그저 번호만 누를 수 있는 전화기면 된다. 마지막으로 사적인 장거리 통화는 금지한다는 정책을 공표하라. 전화요금 청구서를 무작위로 검사해서 위반자를 찾아내면, 다시 위반하면 무거운 벌칙이 가해질 것이라는 메모를 보내라. 직원들 중 2%에게만 보내도, 그 메시지가 나머지 98%에까지 신속하게 전파된다. 내가 일했던 한 회사에서는 그 같은

메모가 전달된 후로 장거리 전화요금이 첫 달에 무려 50%나 감소되었다.

● 공급업체와의 계약 - 상황은 변한다. 그리고 뛰어난 사업가들은 사업을 융통성 있게 운영한다. 비용을 고정시켜 놓은 계약은 오히려 나중에 부담이 될 수 있다. 또한 계약은 실수를 수정하기 어렵게 한다. 직원이 비용상의 실수를 범했을 때(불필요한 것에 돈을 지출한 경우), 그 지출을 멈출 수 있다. 만약 2년 단위의 계약에 사인했다면, 그로 인해 오랫동안 손해를 감수해야 한다.

33

효율적인 사무 공간 활용

사무 공간을 효율적으로 활용하면 직원들이 더 진지하고 근검한 근무 분위기를 의식하게 되므로 생산성이 향상된다.

우리는 각자가 필요로 하는 사무 공간에 대해서 잘못된 생각을 갖고 있다. 매주 3일 이상 출장을 가는 사람들이 자신의 사무실을 보유하고 있다(사실, 회사 내에서 극소수의 사람들만이 독립된 사무 공간이 필요하다). 사무실은 대개 필요한 크기보다 넓고, 접견실은 종종 쓸모없거나 불필요하다.

당신이 따라야 할 사무 공간의 원칙은 간단하다. 우선 비용이 적게 드는 지역에 사무실을 마련하라. 사무 공간도 가능하다면 언제든지 2~3명이 같이 사용하게 하라. 사용되지 않는 중앙 공간을 제거하라. 사무실 면적은 기능적이되 사치스러워서는 안 된다. 사람들은 더 진지하고 근검한 근무 분위기를 의식하게 되므로 생산성이 향상된다.

사무실에 대한 투자는 아주 신중하게 하라. 대다수 지역에서 임대 시장은 구매자 중심의 시장이다. 당신의 사무 공간에 대한 필요는 늘어날 수도 있고 줄어들 수도 있다. 만약 건물을 소유하게 되면 당신은 이러한 융통성을 발휘할 수 없다. 이는 두고두고 재정적 어려움을 유발한다. 부동산 사업을 하는 것이 아니라면 굳이 건물을 소유할 이유가 없다.

34

사람들의 관심을 끌기 원하는가?
자신의 집무실을 포기하라

이익을 극대화하는 데 당신이 열심이라는 것을 직원들이나 당신
자신에게 이보다 더 명확하게 증명해주는 것은 없다.

한때 나는 회사에서 넓은 집무실을 가지고 있었다. 집무실
에는 색다른 카페트가 깔려 있었고 값비싼 가구들로 채워져 있
었다. 수년 전에, 비용 절감을 솔선하는 차원에서 집무실을 포
기했다. 사실 나는 어떠한 집무실도 포기했다! 나는 직함으로
보나 업무로 보나 회사의 최고 수장이었다. 그런데도 나는 집무
실을 갖지 않았다.

내 비서는 내 모든 파일들을 그녀의 책상 서랍 안에 보관한
다. 내 집무실로 고객이 방문해야 하는 일이 있을 경우, 나는 출

장 중인 다른 사람의 방을 이용했다. 회의를 열어야 할 때면, 회의실을 빌릴 수 있었다. 이는 내가 이전에 깊은 동굴 안에 고립되어 있었던 것에 비하면 여러 면에서 더할 나위 없이 좋았다.

내가 누군가의 비용 청구를 거절할 때, 이것이 나에게 얼마나 대단한 신빙성을 주었는지 당신은 이해할 수 있는가? 그것은 내가 비용 절감에 대해 심각하게 생각하고 있으며, 기꺼이 나 자신의 처방을 따른다는 것을 그들에게 보여준다.

만약 당신이 돈을 버는 데 대담하고 열심이라면, 이 방법을 시도해보라. 이익을 극대화하는 데 당신이 열심이라는 것을 직원들이나 당신 자신에게 이보다 더 명확하게 증명해주는 것은 없다.

35

모든 지출 결의서에 직접 사인하라

모든 지출 결의서를 일일이 결재할 수 없다면, 절반 또는 4분의 1,
아니면 10%만이라도 직접 사인해보라.

나는 회사의 비용을 절감하기 위해 앞서 기술한 모든 방법들을 전부 다 사용하였다. 그리고 최근에 한 가지를 더 추가했다. 모든 지출 결의서에 직접 사인을 하기 시작한 것이다. 물론 문자 그대로 모든 지출 결의서에 일일이 사인하는 것은 아니다. 사인은 결재 담당자가 한다. 그러나 그가 결재하는 모든 청구서는 반드시 내 승인을 거쳐야만 한다. 우리는 한 달에 두 차례씩 만나서 그 일을 30분 안에 효과적으로 처리한다.

이 작은 변화는 커다란 차이를 만들어냈다. 과거에 지출 보고서만 살펴볼 때는 계정별 총액 안에 많은 것들이 묻혀버렸다. 하지만 각각의 청구서를 직접 살펴볼 때는 놀라울 정도로 많은 낭비와 불필요한 지출들이 드러난다. 이렇게 함으로써 새어나가는 돈의 흐름을 파악할 수 있게 된다.

당신의 사업 규모가 너무 커서 모든 지출 결의서에 일일이 결재할 수 없다면, 매달 지출 결의서의 절반 또는 4분의 1, 아니면 10%만이라도 직접 사인해보라. 그러나 되도록 꼼꼼히 살펴서 결재하도록 하라. 이전에는 무심코 지나쳤던 엄청난 비용 절감과 잠재적 수익 기회를 발견하게 될 것이다.

36

자본 지출을 통제하라

공장이나 부동산 구입에 실제 돈이 들어가도 회계 장부상에는 손실이
없는 것으로 나타나는 것이 문제이다.

회계사들이 자본 지출이라는 비용 계정을 만들어낸 것보다
회사의 경영에 더 큰 해를 입힌 것은 없다. 10억원을 비용 항목
으로 쓰게 되면 바로 수익 감소로 나타난다. 그러나 자본에
1000억원을 쓰게 되면 회계 장부에는 아무런 손실이 없는 것으
로 나타난다. 적어도 화폐가치가 하락하기 전까지는 말이다.

하지만 자본은 공장, 부동산, 그리고 기기에 실제 돈이 들어
간다. 그것은 다른 비용 항목들보다 훨씬 주의 깊게(숫자들이 대
개는 더 큰 단위이므로) 관리될 필요가 있다.

대기업들은 종종 자본 지출을 통제하는 것에 대해 놀라울 정도로 무감각할 때가 있다. 나는 80억 달러 규모의 회사를 위해 자본 지출 평가 시스템을 설계한 적이 있다. CEO가 후에 이런 말을 했다. "우리 회사가 각각의 투자가 실제 필요한지, 그리고 자금이 실제로 쓰여질 필요가 있는지 자문해본 것은 이번이 처음이오." 그것은 주목할 만한 언급이었다.

같은 회사의 또 다른 중역은 자신이 비용에 매우 완고한 통제자라는 사실을 자랑스러워 했고 실제로도 그랬다. 하지만 자본 지출에 대해서는 예외였다. 그는 자본 수익에 대한 합당한 근거도 없이 매년 4천만 달러를 요구하고 집행해 왔다. 그러면서 시장조사에 5만 달러를 제안하는 부하를 지옥에 빠뜨려버렸다.

자본은 실제 돈이다. 그 액수도 크다. 당신의 자본 예산을 집중적으로 조사하라, 그러면 최종 수익에 저어도 백만 달러는 추가하게 될 것이다.

37

재고를 없애라

구매 직원이 대량으로 발주하지 못하게 하고, 모든 품목의 재고를
최대한 낮게 유지하라.

단 한 번이지만 수익을 증가시킬 수 있는 방법이 있다. 이는
올해 당신에게 큰 도움이 될 수도 있다. 모든 품목의 재고를 최
대한 낮게 유지하라. 이는 공장에서 사무실 비품에 이르기까지
모든 것에 적용된다. 회사의 구매 직원들은 결코 이런 식으로
하지 않는다. 그들은 그저 '안전하게' 주문한다. 즉, 한번에 대
량으로 발주한다. 그래서 가까운 시일 안에 공급업체를 다시 부
를 일이 없다.

대금 결제 기한을 30일 연장하고 15일분의 재고를 줄인다

면, 당신은 올해 사용될 물품과 서비스 구입 비용을 12%까지 낮출 수 있다. 회계 시스템이 비용과 수익을 이와 같은 식으로 보고하지 않는다면, 무시해버려라. 회계 시스템이 잘못된 것이다. 당신은 효과적으로 45일 동안 아무 물품도 구입하지 않은 것이고, 45일분의 비용을 절감한 것이다. 마땅히 그 절감분이 결산표의 우측에 있어야 한다.

38

직원을 해고하지 않는다면
뛰어난 기업을 가질 수 없다

성과가 낮은 직원이 현재의 자리와 임금을 그대로 보전한다면,
성과주의 공약은 직원들에게 신빙성 있게 전달될 수 없다.

이제 잠재적으로 더 고통스러운 비용 절감 요소, 즉 사람에
대해 언급할 차례이다. 이 책의 서두에서, 나는 뛰어난 조직을
만들고 훌륭한 결과를 산출하기 위한 성과주의 시스템의 필요
성에 대해 논의했다.

어느 조직이든지 불가피하게 업무 성과가 낮은 직원들이 있
게 마련이다. 특히 당신의 기준이 높은 경우에는 더욱 그렇다.
그런데 만약 성과가 낮은 직원이 현재의 자리와 임금을 그대로
보전할 수 있다면, 성과주의에 대한 당신의 공약은 모든 직원들

에게 신빙성 있게 전달될 수 없다.

만약 당신이 적합한 사람만을 뽑고, 잘 교육시키고, 열심히 일하도록 자극하는 방법을 안다면, 누군가를 해고할 일은 거의 없거나 드물어진다. 직원들에 대한 나의 기준은 누구보다높은 편이었음에도, 15년 동안 회사에 재직한 모든 직원 중 단 3%만을 해고했다. 하지만 0%는 잘못된 수치이다. 그것은 당신의 조직에 역기능적인 행태를 유발할 것이다.

나는 소수의 직원을 해고했지만 각각의 경우는 정당했다. 그리고 그 해고는 회사 내 다른 직원들에게 심대한 영향을 미쳤다. 해고가 있을 때마다, 거의 모든 직원의 성과가 두 단계나 향상되는 것을 느낄 수 있었다. 성과가 바닥에 가까운 사람은 실직에 대한 두려움 때문에 더욱 분발한다. 상대적으로 자리가 보장된 A급 직원들도 저조한 실적이 용인되지 않는다는 것을 느꼈기 때문에 역시 그렇게 한다. 해고는 직원들이 회사를 위해 더욱 열심히 일하도록 자극을 준다.

수년 전 나는 한 부서에 2명의 관리자를 임명한 적이 있다. 그들 중 한 명은 뛰어난 능력을 갖고 있었으며 성과도 그리 나쁜 편은 아니었다. 그러나 내가 보기에 그는 그 이상을 충분히 해낼 수 있는 사람이었다. 나는 모든 방법을 동원해서 그의 성과를 높이려고 했지만 어떤 시도도 효과를 거두진 못했다. 또 한 명의 관리자는 업무 성과가 무척 저조한 편이었다. 그는 이런저런 문제만 일으키고, 일을 해도 실질적인 성과가 없었다. 나는 그를 해고했다.

그러자 다른 관리자가 사무실로 찾아와 물었다. "저도 해고시킬 건가요?" 나는 앉아서 그가 해고되지 않기 위해 달성해야 할 다섯 가지 과제를 말해주었다. 그는 석 달 후 다섯 가지 모두를 성취했고, 매우 뛰어난 성과를 올리는 직원으로 변했다. 결국 그와 나 모두에게 이익이 되었다.

그는 다양한 재능을 가지고 있었다. 하지만 애써 노력하지 않아도 다른 사람들과 똑같이 대우 받을 수 있기 때문에 전력을 다하지 않은 것이다. 우리 회사가 진정한 성과주의 조직 — 뛰어난 성과는 보상을 받지만, 저조한 성과는 해고를 가져온다 ―
임을 보이자, 스스로의 정신적 한계를 극복하고 자신의 타고난
재능을 발휘한 것이다.

　당신이 한 명의 직원도 해고하지 않는다면, 사업에서의 탁
월함을 성취하지 못할 것이다. 그리고 분명히 수익을 극대화하
지도 못할 것이다.

39

인력을 부족한 상태로 두어라

인력 충원 요청을 거절함으로써 업무가 바쁜 직원은 일에 우선 순위를
정해야 하고, 정말로 가치 있는 일만 하게 만든다.

직원들이 근무 시간에 하는 일은 두 가지로 나뉘어진다. 직
원들은 먼저 회사의 수익에 진정으로 도움이 되는 유용하고 생
산적인 일로 자신의 스케줄을 채운다. 그러나 그 같은 일들로
근무 시간을 다 채우지 못하면, 괜히 바쁜 척하려고 다른 일을
찾아 헤매면서 시간을 때운다. 따라서 회사 내에는 아무도 바쁘
지 않은 사람이 없다.

이는 관리자들에 대해서도 마찬가지다. 일단의 직원들에 대
한 관리 책임이 주어지면, 관리자는 정말로 중요한 업무가 먼저

효율적으로 수행되도록 한다. 하지만 그에게 활용할 수 있는 더 많은 직원들이 있다면? 필요 이상으로 많은 사람들을 투입함으로써 중요한 업무를 비효율적으로 하거나, 중요하지 않은 업무들까지 하려고 할 것이다.

나는 이 문제를 다음과 같은 방식으로 해결한다. 즉, 관리자가 인력 충원을 요청하면 일단 거절부터 한다. 그들이 다시 요청해도 여전히 거절한다. 세 번을 요청하면 세 번 다 거절한다. 인력 충원 없이는 도저히 일을 수행할 수 없다고 비명을 지르다시피 하면 그때서야 나는 조사를 하고 약간의 인력 충원을 허용한다.

이렇게 함으로써 나는 비효율성과 불필요한 작업을 몰아낸다. 업무가 바쁜 직원은 일에 우선 순위를 정해야 하고, 정말로 가치 있는 일만 하지 않을 수 없다. 더욱 중요한 것으로, 분주한 인력을 갖고 있는 관리자는 우선 순위를 두어 업무를 효율적으로 처리하지 않으면 안 된다. 다시 말해, 관리자가 관리를 잘해야만 되는 것이다.

견제를 받지 않거나 전혀 통제되지 않는 관리자는 당연히
태만한 관리와 비효율성을 야기한다. "일거리는 언제나 주어진
시간을 다 채우기 위해 늘어난다."라고 말한 파킨슨은 다음의
두 번째 법칙도 만들어냈다. "일거리는 언제나 주어진 사람들을
다 쓰기 위해 늘어난다."

아무도 당신에게 다가와 자신의 부서에 필요 이상의 인력이
있다고 말하지 않는다. 효율성을 증진시키고 불필요한 일과 행
위를 제거하는 유일한 방법은 인적 자원을 항상 부족하게 유지
하는 것이다.

40

임금을 경쟁사보다 높게 책정하라

회사가 높은 수익을 내면 직원들도 그 혜택을 함께 공유하게 된다는
믿음을 갖도록 해야 한다.

수익 중시 기업에서 임금 책정은 균형 잡힌 접근을 요구한
다. 임금을 제대로 주지 않으면서 당신의 회사를 최고의 회사라
부를 수 없으며, 직원들에게 수익에 초점을 맞추고 낭비적인 비
용을 줄이라고 요구할 수는 없다. 회사가 높은 수익을 내면 직
원들도 그 혜택을 함께 공유하게 된다는 믿음을 갖도록 해야 한
다. 직원들에게 지급되는 임금을 아까워해서는 안 되는 것이다

그러나 균형은 반드시 필요하다. 개개인의 성과와 상관없이
자동적으로 모든 사람에게 똑같이 후한 임금이 주어진다면 기

업 문화도, 모든 시스템도, 종국에는 수익성도 무너져버리고 말 것이다. 따라서 기업의 임금 책정은 다음의 세 가지 원칙을 고수해야 한다.

첫째, 기업 전체의 성과에 직접적인 영향을 미치는 부서 또는 직원에 대한 평균 임금은 다른 기업에 비해 높아야 한다. 이는 어떠한 비용을 치르더라도 이러한 직원은 반드시 보유하고 있어야 하기 때문이다.

둘째, 그 외의 직원에 대해서는 대부분의 경쟁사보다는 높되 최고 대우를 해줄 필요는 없다.

셋째, 동일한 직급의 직원들 간에 광범위한 임금 차이가 존재하도록 한다. 단, 임금의 차이는 회사에 대한 기여도나 업무 성과가 분명하게 반영된 것이어야 한다.

그러나 임금을 후하게 책정하는 것이 임금 협상을 수월하게 하거나 적당히 하는 것을 의미하진 않는다. 임금 수준은 높게 하되, 받을 만한 자격이 있는 사람에게 주라는 것이다. 만약 중요한 누군가가 생각보다 많은 임금을 요구할 경우 그에 상응하는 합당한 이유가 있을 때만 예외적으로 수용해야 한다. 그러나 매우 중요한 인물이라는 것과 대체하기 어려운 인물이라는 것은 또 다른 문제이다. 어느 현자의 말처럼 묘지에 있는 모든 사람이 대체할 수 없는 사람들이기 때문이다.

이제 수익 지향적 기업 문화의 많은 요소들이 자리를 잡기 시작할 것이다. 직원들은 수익과 효율을 신봉하고, 낭비가 없는 회사가 될 것이다. 업무는 짧은 시간 내에 집중적으로 이루어지고, 사람들은 성과에 따라 보상이 주어지는 성과주의를 신봉하게 될 것이다. 불필요한 비용 지출이 없는 대신 높은 임금으로 보상 받는 회사가 될 것이다. 평균 이상의 사람들은 이런 기업 문화에서 일하는 것을 좋아한다. 그리고 고용주들도 이런 사람들을 진정으로 원한다.

41

복리후생 제도를 탄력적으로 운영하라

직원들에게 높은 임금을 주되, 복리후생 혜택은 그것을 진정으로
원하는 일부 직원에게만 제공하는 것이 효율적이다.

대부분의 직원들은 다양한 복리후생 제도보다 현금을 더 선
호한다. 높은 임금을 주되, 복리후생 혜택은 그것을 진정으로
원하는 극히 일부 직원에게만 제공해야 한다.

복리후생 제도는 일단 만들어졌다 해도 철칙이 되거나 재조
정이 안 될 이유가 없다. 내가 아는 한 사장이 의료보험 문제에
어떻게 대처했는지 이야기해보고자 한다. 그 사장은 직원들을
위해 훌륭한 의료복지 정책을 마련했다. 즉, 회사가 의료 보험
비용을 전액 부담하는 것이다. 대신에 사장은 매년 당해 연도

소비자물가 상승률(또는 인플레이션율)만큼만 의료보험 예산을 증가시키겠다고 공표했다. 만약 인플레이션율이 4%라면 회사가 부담하는 의료보험 비용도 4% 높아지는 것이다. 그러나 최근 몇 년간 이 회사의 의료보험 비용은 매년 15% 가량 증가해 왔다. 사장은 보험 회사에 매년 15%가 아니라 4%만 비용을 인상시키고, 그 대신 의료보장의 범위를 줄이라고 요청했다. 즉, 총비용을 단 4%만 증가되도록 한 것이다.

일부 직원들은 사장에게 어떻게 의료보장 범위를 축소할 수 있느냐며 따졌다. 그는 회사의 부담금을 낮춘 적이 없고, 매년 물가 상승률만큼 올리고 있다고 대답했다. 직원들은 회사의 부담금이 높아졌을지라도 실제 보장 범위는 줄어들었다고 주장했다. 사장은 그 점에 대해서는 정부한테 따지라고 답했다. 그의 요점은 자신이 의료보험 비용의 인플레이션 문제를 일으킨 것이 아니므로 회사의 잘못이 아니라는 것이다.

내가 이 회사의 접근 방식이 옳다고 말하려는 것은 아니다. 옳을 수도 있고 그를 수도 있다. 중요한 교훈은 복리후생 제도는 신이 부여한 것이 아니므로 영원히 그대로 유지시킬 필요가 없다는 것이다. 또한 현명한 경영자라면 회사의 복리후생 제도를 지속적으로 평가하고 재평가해야 한다.

42

정기적인 상여금은 효과가 없다

상여금은 비정기적이고 예외적으로 지급될 때 가장 효과적이다.
줄 만한 가치가 있다고 판단될 때만 지급하라.

회사 입장에서 명절 상여금만큼 비효율적인 지출은 없다. 내가 아는 한 명절 상여금을 지급하는 모든 회사는 성과와 상관없이 일률적으로 동일한 금액을 지급한다. 실제로 명절을 앞두고 직원의 성과를 평가하려는 회사가 있겠는가?(또 모든 직원들은 가족과 친지에게 줄 선물을 사야 하지 않는가?) 그래서 모두가 때가 되면 기대를 하고 당연한 것으로 받아들인다. 그러나 일단 상여금이 자동적으로 지급될 경우, 직원들의 동기 부여를 위해 이용되지 못하고, 그 제도는 더 이상 효과적인 경영 수단이 되지 못한다.

분기별 혹은 연간 단위의 정기 상여금은 그것이 설사 성과와 연동되어 있다고 해도 좋지 못한 방법이다. 상여금이 일정 기간마다 지급된다면 경영진은 지급 결정에 대한 재량권을 상실할 수밖에 없다. 뿐만 아니라 성과에 따라 차별 지급한다는 것도 쉽지 않다.

나는 상여금 신봉자이다. 나는 당근과 채찍을 강조한다. 그러나 상여금은 비정기적이고 예외적으로 지급될 때 가장 효과적이다. 줄 만한 가치가 있다고 판단될 때 상여금을 지급하고, 그렇지 않다면 지급하지 말아야 한다. 이것은 기간상으로는 불규칙해 보일지라도, 동기 부여 차원에서는 일정한 규칙을 갖고 있다. 즉, 성과가 좋으면 언제라도 그에 상응하는 만큼 추가적인 상여금이 지급되는 것이다. 또한 직원들도 점차 성과와 보상 간의 상호관계를 이해하게 될 것이다.

누가 상여금을 받을 가치가 있고, 누가 못 받게 될 것인가? 또 얼마나 지급해야 할 것인가? 이러한 판단을 내리는 것은 매우 어려운 일이다. 그래서 일부 경영자는 일정 시점에 일률적으로 전부 지급해버리는 상여금 제도를 선택한다. 정기적인 상여금 방식이 훨씬 더 쉽기 때문이다.

하지만 이러한 판단을 회피하는 경영자는 잘못된 게임을 하고 있는 것이다. 나는 설사 일부 직원의 반발이 있다 해도, 성과에 기초해 누가 어느 만큼 받을 자격이 있는지 판단을 내릴 것이다. 그리고 그러한 판단은 90% 가까이 적중한다. 나는 명확하게 틀린 것보다 적당히 맞는 것이 낫다고 생각한다.

43

직위를 부여하는 것이 더 저렴하다

누군가의 임금을 올려주기 어려운 상황이라면 대신 직위를 부여하라.

    나의 멘토 중 한 사람이 나에게 이런 조언을 해준 적이 있다. 만약 누군가의 임금을 올려주기 어려운 상황이라면 대신 그럴듯한 직위를 부여하라. 이에 대해 직원은 만족할 것이고, 반면 비용은 거의 들지 않는다. 직위는 싸다. 후하게 부여하라.

44

6가지 동기 부여 방법

최고가 되기 위해 노력하고, 회사가 목표를 달성할 수 있도록
돕는다면 높은 임금을 받을 수 있다는 메시지를 전달하라.

지금까지 이 책에서 언급한 직원들에 대한 동기 부여 방법
을 정리하면 다음과 같다.

첫째, 높은 수익을 올리는 최고의 회사가 되게 한다.

둘째, 어떤 업무 성과가 요구되는지 명확히 전달한다.

셋째, 약속한 바대로 보상하다

넷째, 성과에 기초해 차별적으로 보상한다.

다섯째, 보상 받을 만할 때는 후하게 보상한다.

여섯째, 경영과 인생의 본보기를 보이고 교육에 힘쓴다.

이상의 동기 부여 방법들에 함축된 메시지는 다음과 같다. "회사와 함께 하라. 그러면 더 많이 배울 수 있고, 높은 임금을 받을 수 있다. 대신 최고가 되기 위해 노력하고, 회사가 목표를 달성할 수 있도록 도와라."

이러한 말들은 지극히 상식적인 것이다. 이런 식으로 행동하는 경영자나 기업은 흔치 않지만, 필연적으로 가장 성공적이고 높은 수익을 올리는 경영자나 기업이다.

45

구조 조정을 단행하라

대부분의 화이트칼라 조직은 총매출의 감소 없이 4명 중 한 사람은
줄일 수 있다.

수익성이 높은 기업도 종종 해고를 해야 되는 경우가 발생
한다. 수익성이 낮은 기업은 수익성을 개선하기 위해 더 많은
해고를 필요로 한다. 대부분의 경영자들은 대량 해고를 꺼린다.
우수한 경영자라도 마찬가지다. 하지만 경영자는 결단을 내려
야 하고, 기꺼이 해고를 할 수 있어야 한다. 여기 한 조사 결과
가 있다.

거의 대부분의 화이트칼라 조직은 총매출의 감소 없이 4명
중 한 사람은 줄일 수 있다. 그리고 많은 회사들이 3명 중 한 사

람 또는 2명 중 한 사람을 해고해도 큰 지장이 없다. 이는 다음 두 가지 이유로 설명될 수 있다. 첫째, 업무의 대부분이 불필요하고, 필요한 업무라 할지라도 비효율적으로 수행되고 있기 때문이다. 둘째, 대부분의 조직에서 성과가 좋지 않은 하위 25%는 자질이 떨어지거나 별다른 가치를 창출해내지 못한다(최소한 공기업의 경우에는 그대로 들어맞는다).

내 생각에는 포춘 500대 기업 사무직 직원의 3분의 1이 감축 가능하다. 그 결과 회사에는 막대한 비용 절감 효과를 가져오지만 고객에게는 아무런 영향이 없을 것이다. 물론 이 같은 조치가 지나치게 극단적이라고 생각하는 사람들도 많을 것이다. 하지만 내 의견에 동조한다면, 지금 즉시 실행해보라. 동조하지 않는다면, 내 말을 잊어버리고 이 책을 계속 읽도록 하라.

46

행정 관리직을 축소하라

기업이 효율을 극대화하기 위해서는 고객 또는 현장 조직과 직접
관련되지 않은 관리자 수를 최소화해야 한다.

조직에는 두 가지 유형의 사람, 즉 생산적인 업무를 담당하
는 사람과 관리 업무를 담당하는 사람이 있다. 수익 극대화를
목표로 한다면 후자의 사람들을 최소화해야 한다. 최근 나에게
취업 부탁을 하고 싶어도 그러지 못하는 친구 하나가 있었다.
그 친구가 보기에 나의 회사에는 영업직, 경리직, 생산직은 있
으나 일반 관리직은 없었기 때문이다. 그가 원하는 업무 부서는
일반 관리직이었던 것이다. 그 친구는 나의 회사를 높이 평가하
지 않았다.

최고의 기업들은 관리자의 책임과 업무 범위가 넓다. 이들 기업들은 효율을 극대화하기 위해서는 고객 또는 현장 조직과 직접 관련되지 않은 관리자 수를 최소화해야 한다는 것을 본능적으로 알고 있는 것이다. 최고의 기업은 사업 부서마다 매우 뛰어나고 수익을 극대화할 수 있는 관리자를 두고 있다. 이들은 포괄적인 책임을 지고 있고, 직급 체계나 절차 따위는 존재하지 않는다. 나는 보고서를 잘 쓰는 10명의 관리 직원보다 수익 극대화에 기여라는 우수한 한 명의 관리자를 더 선호한다.

내가 어느 고객으로부터 배운 원칙 한 가지를 소개하고자 한다. 그 고객에 따르면, 모든 관리자들은 스스로 직접 보고서를 작성해야 한다. 만약 유럽 사업부의 부사장이라면 그는 유럽 내 어느 한 지역을 직접 담당해야 한다. 유럽 내 다른 지역들은 각기 다른 책임자들로부터 보고를 받는다 해도, 예를 들어 프랑스 지역은 자신이 직접 관리해야 한다. 다시 말해, 유럽 담당 부사장을 별도로 두는 대신에 가장 뛰어난 특정 지역 관리자로 하여금 부사장을 겸직하게 하는 것이다. 다른 예로, 어떤 사람이 영업, 생산, 기술 등 각 직무 부서 이사들을 총괄하는 COO라면 어느 한 부서는 자신이 직접 관리해야 한다.

핵심은 동일하다. 가능하면 관리자를 없애라는 것이다. 우수한 한두 사람만 있으면 된다. 실무를 맡고 있는 사람이 관리자 역할을 겸하도록 하라. 비용 절감 효과뿐만 아니라 조직 내에 현실 세계의 역동성을 불어넣는 효과까지 보게 될 것이다. 보고를 받는 사람이 현장이 어떻게 돌아가는지 파악하고 있고, 시장에 접근하는 방법을 알고 있다는 것은 모든 보고자들을 긴장시키기 때문이다.

47

스탭 부서는 작을수록 좋다

대부분의 중소 기업들이 부담하는 비용의 10~20% 정도는 스탭
부서로 인해 발생한다.

공급업체와의 가격협상을 잘 못해서 돈을 잃는 것을 제외하
면 포춘 500대 기업에서 가장 큰 손실을 발생시키는 부분이 바
로 회사 내 스탭 부서들이다. 포춘 500대 기업 대부분이 인사,
회계, 재무, 법률, 전산 등의 부서에 필요 이상의 인력을 두고
있다.

미국뿐만 아니라 세계 어디에도 이들 부서에서 25~50%의
과감한 인력 축소를 견뎌내지 못할 대기업은 없다. 진정으로 회
사의 수익을 배가시키길 원한다면 한번에 5%씩 이들 인력을 축

소하라. 우선 순위에 따라 업무를 재조정하는 데 걸리는 시간은 기껏해야 두 달 정도면 충분하다. 중요한 업무는 계속 유지시키되, 그렇지 않은 업무는 가차없이 제거해버려라. 어떤 업무가 가치가 있고, 어떤 업무가 그렇지 못한지를 명확히 하면 된다.

대부분의 중소기업도 스탭 부서에 과잉투자를 하기는 마찬가지다. 이들 기업이 부담하는 비용의 10~12% 정도는 바로 스탭 부서로 인해 발생된다. 만약 이 비용 중에서 25%(전체 비용 대비 3%)만 줄여도 회사의 수익은 당장에 30% 정도 증가할 것이다. 경영자들은 매출을 늘리는 데만 신경 쓰느라 자신들의 등 뒤에 숨어 있는 엄청난 수익 기회를 보지 못하는 경우가 종종 있다.

48

외부 인력 계약을 봉쇄하라

어느 조직이든지 효율적인 조직이 되기 위해서는 임시직 고용을
엄격히 통제해야 한다.

구조 조정을 실시한 대부분의 기업에서 임시직이나 계약직
채용이 크게 증가한다. 그리고 그 사람들은 바로 직전에 해고했
던 직원들인 경우가 부지기수이다. 결국 이전에 지급했던 비용
보다 2배 이상 비싼 비용에 그들을 다시 고용하는 꼴이 된다.

어느 조직이든지 보다 효율적인 조직이 되기 위해서는 이들
임시직 고용을 엄격히 통제해야 한다. 물론 이 사람들을 고용하
는 것이 정당한 경우도 있다. 그러나 내 경험에 비춰볼 때 최소
50% 정도는 불필요한 비용 낭비이다.

16명의 인력이 필요하다고 말할 때, 이것은 정확히 16명을 의미한다는 것을 부서 관리자들에게 분명히 전달해야 한다. 그것이 추가로 임시직 몇 명을 더 고용해도 된다는 식으로 받아들여져서는 결코 안 된다. 임시직 고용은 매우 이례적으로 이루어져야 하며 반드시 경영자의 동의를 얻도록 해야 한다.

컨설턴트의 고용이 정당한지 여부를 테스트하는 방법이 있다. 컨설턴트가 하는 일이 회사의 실질적인 수익에 도움이 되는 것인가 혹은 조직 내 특정한 몇몇 사람들을 돕기 위한 것인가를 확인해보면 된다. 대부분 후자인 경우가 많다. 오직 회사의 수익에 기여하는 경우에만 컨설턴트를 고용하라.

49

조직의 일상 습관을 변화시켜라

일상적 습관의 변화를 통하여 비용 절감 효과를 거둘 뿐만 아니라,
수익 지향적인 조직 문화를 구축할 수 있다.

조직 내에는 변화시켜야 하는 수많은 일상적 습관들이 존재
한다. 일상적 습관의 변화를 통하여 우리는 비용 절감 효과를
거둘 뿐만 아니라, 실행주의적이고 수익 지향적인 조직 문화를
구축할 수 있다.

한 가지 예를 들자면, 문서의 타이핑을 줄이는 것이다. 가
능하다면 모든 메모는 손으로 직접 쓰도록 하라. 3층에 있는 관
리자가 5층에 있는 관리자와 의견 교환을 하기 위해 비서가 그
의 말을 타이핑해서 전달할 필요는 없다. 직접 쓰는 것이 훨씬

간결하고 정확하게 핵심 요지를 전달할 수 있는 방법이다. 이렇게 함으로써 비서 역시 시간을 절약할 수 있다.

3년 전부터 우리 회사에서는 메모를 절대 타이핑하지 못하도록 했다. 그때 사람들은 비서들이 어쨌든 남는 시간에 타이핑이라도 해야 하기 때문에 비용 절감에 도움이 되지 않는다고 주장했다. 하지만 3년이 지난 지금, 그때에 비해 비서의 수가 절반으로 줄어들었다.

타이핑이 없어짐으로써 우리 모두가 매우 상식적인 사람들이며, 더 이상 의전과 의례로 소모할 시간이 없다는 의식을 조직 전체로 확산시킬 수 있다. 나는 매우 바쁜 사람이다. 고객을 만나야 하고, 돈을 벌어야 한다. 타이핑에 낭비할 시간이 없다. 이것이 바로 직원들에게 전달하고 싶은 진정한 메시지이다.

50

문서 작업을 중단시켜라

불필요한 문서 작업을 없애라. 쓸데없는 정보 교환에 시간을
허비하기보다는 수익성을 강화하는 데 시간을 쓰게 하라.

내부 보고서, 회계장부, 경비대장, 복사물 중 75%가 불필요
한 것이고, 시간적, 금전적 낭비이다. 나는 아직까지 예외인 회
사를 본 적이 없다.

회계 부서에서 작업하는 수치들에 대해 생각해보라.(사실,
당신이나 다른 의사결정권자들은 결코 볼 일이 없을 것이다. 여기에 의
문이 있다. 의사결정권자가 보지 못한다면 누구를 위해 작업하고 있는
가?) 금주나 이번 달, 아니 금년에 의사결정을 하면서 회계 부서
에서 작성한 수치에 영향을 받은 적이 있는가? 아주 드물 것이

다. 물론 IRS의 기준 또는 공개 기업이라면 증권거래소 기준에 합당하도록 수치를 맞출 필요성이 있다. 그러나 알아두어야 할 것이 있다. 회계 담당자는 IRS, SEC 또는 당신이 필요로 하는 것보다 훨씬 많은 수치들을 관리하고 있다. 지나친 수치 관리 업무를 없애라. 이는 낭비일 뿐이다.

일부 문제는 정확성에 대한 잘못된 욕구 때문에 발생한다. 기업에서 이루어지는 대다수의 의사결정은 직관에 의해 이루어지고, 대략적 수치에 근거해 이루어진다. 회계 부서의 정확하고 세세한 기록이나 보고서가 필요한 의사결정은 드물다. 기업에서 필요로 하는 정확성은 의사결정을 하는 데 장애가 되지 않는 정도면 된다. 수치가 10인지 12인지 잘 모른다면 자신에게 한번 물어보라. 그 숫자를 정확하게 알게 된다면 다른 조치를 취해야 하는가? 만약 이 물음에 대한 대답이 "아니오"라면 그냥 11이라고 치고, 다음 단계의 의사결정으로 넘어가며 된다

경영 지표와 수치 관리의 우선 순위는 의사결정권자가 정말로 필요로 하는 것에 초점을 맞추도록 재조정되어야 한다.

정성적 자료(Qualitative data)가 증가하는 것 역시 문제다. 기업들은 전략, 목표, 인적 자원, 프로세스 등에 대한 수많은 보고서로 넘쳐난다. 그러나 이들 보고서 중 의미 있는 것은 거의 찾아볼 수 없다. 내가 기업들과 일하기 시작했을 때 배운 첫 번째 교훈은, 사람들은 결코 진짜 의도가 무엇인지 말하지 않는다는 것이다.

조직 내에서 모든 것이 자유롭게 표현되고 전달되어야 한다. 조직에 대해 직설적이고 솔직해지도록 해야 한다. 그리고 이러한 표현에 호의적으로 대응하는 법을 가르쳐라. 보고서를 제출하거나 메모를 전달할 땐, 전달하고자 하는 내용에 집중하되 문장에는 신경 쓰지 말라고 가르쳐라. 보고서의 내용은 직설적이고 간결해야 한다. 결코 형식에 구애될 필요가 없다.

마지막으로 사람들에게 자료를 무조건 회람시키지 마라. 나도 한때는 그렇게 하곤 했다. 유용한 내용의 글을 읽었을 때, 경쟁사에 대한 자료가 있을 때, 아이디어가 떠오를 때마다 나는 관심을 가질 만한 모든 사람에게 복사해 보냈다. 다른 사람들도 역시 똑같은 방식으로 나에게 자료를 보내왔다. 언제부터인가 나는 하루에도 그런 자료를 10건, 20건씩 받게 되었다. 물론 재빨리 휴지통에 던져버릴 수도 있다. 그러나 그 많은 자료들을 정리하는 것 자체가 시간 낭비이며, 쓸데없는 정력 낭비이다.

그 후 나는 자료를 회람시킬 때는 매우 신중히 생각하게 되었다. 이것이 내가 궁극적으로 강조하고 싶은 메시지인가? 이 자료를 보냄으로써 나의 주요한 메시지나 지침이 희석되지는 않는가? 이 자료를 보기 위해 사람들이 15분을 쓸 가치가 있는가? 그리고 이제 사람들도 내가 보낸 자료들을 아주 신중하게 처리한다. 그들은 내가 함부로 자료를 날려 보내는 사람이 아니라는 것을 알고 있기 때문이다.

조직에서 불필요한 문서 작업을 없애라. 쓸데없는 정보 교환에 시간을 허비하기보다는 수익성을 강화하는 데 시간을 쓰게 하라.

51

회의를 최소화하라

토론을 위한 회의는 하지 마라. 오로지 의사결정이 필요한 경우만
회의를 소집하라.

나의 회의 원칙은 다음과 같다.

첫째, 가능한 한 적은 수의 사람들만 회의에 참여시켜라. 그
저 점잔만 빼는 사람이나 상사에게 쩔쩔매는 사람은 절대 회의
에 참여시켜서는 안 된다.

둘째, 회의는 짧게 끝내라. 5분으로도 충분한 경우가 많다.
3시간짜리 회의는 결코 두세 달에 한 번 이상 열 필요가 없다.
뛰어난 경영자는 하루에 30건의 회의를 주재할 수 있어야 한다.

셋째, 토론을 위한 회의는 소집하지 마라. 오로지 의사결정이 필요한 경우만 회의를 소집하라.

간단히 말해, 회의 자체를 목적으로 생각해서는 안 된다. 직장에서 오늘 하루 무엇을 했는가? 회의를 하고 나서 또 다른 회의에 참석하지는 않았는가? 결정을 내리고, 고객을 만나고, 비용을 줄이고, 무엇인가 실행을 하면서 하루를 보내라. 꼭 회의를 해야 한다면 비생산적인 논의를 줄이고 곧바로 본론으로 들어가라. 그리고 바로 다음 회의를 진행하라.

52

단합대회를 없애라

직원들의 사기 진작을 위해 단합대회가 가끔씩은 필요하다고 하나
실제로는 그만한 가치가 없다.

회사 밖에서 쓸데없이 돈이나 쓰는 단합대회는 거의 불필요하다. 이런 단합대회로 인해 사람들은 고객을 등한시하게 되고 생산적인 일을 못하게 된다. 이로 인한 최악의 상황은 사업 목표에 무관심해지게 되고 긴장감을 상실하게 되는 것이다.

단합대회가 직원들의 사기 진작을 위해 가끔씩은 필요하다고 하나, 실제로는 그만한 가치가 없다. 사기 진작은 물론 중요한 문제이다. 그러나 떠들썩한 단합대회보다 더 좋은 사기 진작 방법들은 얼마든지 있다.

53

지금까지 한 것을 반복하라

비용 절감과 수익 극대화를 위해 필요한 것은 전문 지식이 아니라
단호한 결심이다.

비용 절감을 실행하는 데 있어 가장 어려운 문제는 변화에
대한 저항이다. 직원들은 당신이 제안하는 모든 것을 두려워하
고, 실행이 불가능하다고 말할 것이다. 직원들은 분명하고 아주
사소한 변화조차 두려워하며, 항상 해왔던 방식을 그대로 유지
하고 싶어한다.

당신이 끝까지 밀어붙이기를 바란다. 비록 작게라도 당신은
내가 제시한 여러 조치들을 행동에 옮길 것이다. 행동에 옮기다
보면, 다음 조치를 취하기가 두려워질 것이다. 하지만 당신은

곧 흥미로운 현상을 보게 될 것이다. 몇 개월 후면 직원들은 자신의 기대치를 조정하게 된다. 변화에 익숙해지는 것이다. 그들은 새로운 규칙 하에서 일할 수 있다는 것과 수익을 훨씬 더 쉽게 창출할 수 있다는 사실을 깨닫게 된다.

이때가 바로 출발선으로 되돌아가 비용 절감을 위한 모든 조치들을 다시 시작해야 할 시점이다. 즉, 새로운 라운드에 들어가는 것이다. 한번 더 기대치가 재조정될 것이다. 매출이 감소하지 않는 범위 내에서 세 번째, 네 번째 라운드를 계속해서 되풀이하라.

첫번째 시도에서 눈에 띌 만한 비용 절감이 이루어졌을지라도 두 번 세 번 계속해서 반복하라. 반복 과정에서 전에는 획기적으로 느껴졌던 부분들이 이제는 일상적 부분으로 느껴지기 시작할 것이다. 불안은 줄어들고, 처음에는 꿈 같은 기대로만 여겨졌던 엄청난 비용 절감과 수익 증대가 현실화될 것이다. 비용 절감 기술에 대한 자신감도 커지고, 점차 대담해질 것이다. 비록 시간이 지나면서 반복의 간격은 점점 더 길어지겠지만, 수익을 극대화하는 탁월한 관리자의 일은 결코 끝나지 않는다.

지금쯤 이 책을 시작하면서 내가 주장했던 것들이 진실임이
명백해져야 한다. 비용 절감과 수익 극대화를 위해 필요한 것은
전문 지식이 아니라 단호한 결심이다. 진정으로 수익을 두 배로
올리고 싶다면, 그것에 관해 완고한 자세를 견지하라. 그러면
매우 쉽게 이루어질 것이다. 그러나 기꺼이 행동으로 옮기려 하
지 않는다면, 누가 하더라도 달성하기가 불가능하다.

4 부

영업과 마케팅에 과감히 투자하라

54 회사는 없다. 오직 사람이 있을 뿐이다 **55** 고객을 위해 어떤 위험도 불사하리라는 것을 보여줘라 **56** 세일즈 성공을 위한 5가지 핵심 요소 **57** 사람은 없다. 단지 사람의 인식이 있을 뿐이다 **58** 어떤 고객도 똑같지 않다. 맞춤 세일즈를 하라 **59** 당신을 어떻게 팔 것인가 생각하라 **60** 고객들은 피 한 방울의 냄새도 놓치지 않는다 **61** 판매 과정은 차별화를 위한 절호의 기회다 **62** 판매가 성사되는 순가 재파매를 시장하라 **63** 영어은 매력을 파는 것이다 **64** 더 많이 요구하는 사람이 더 많이 얻는다 **65** 고객이 지불하려고 하는 최대 가격을 요구하라 **66** 가격대를 결정하고 나서 상품이나 서비스를 결정하라 **67** 고객이 지불하려는 가격을 물어보라 **68** 소비자 잉여를 포착하려면 가격을 차별화하라 **69** 최고가를 받아내되 어떤 고객도 잃지 마라 **70** 가격 협상을 품위 있게 하라 **71** 가격은 비용과 무관하다 **72** 마케팅은 전략적 비용이다. 경기가 좋든 나쁘든 경쟁사보다 많이 지출하라 **73** 마케팅에선 장총보다 산탄총이 낫다 **74** 영업 조직에 투자하라. 어떤 것보다 더 큰 성과를 가져다줄 것이다 **75**

54

회사는 없다.
오직 사람이 있을 뿐이다

세일즈는 완벽하게 합리적인 의사결정을 하는 조직에 파는 것이
아니라 사람에게 파는 것이다.

판매를 극대화하는 데 필요한 사고를 구성하는 몇 가지 철학적 원칙이 있다.

탁월한 세일즈의 첫번째 원칙은, 당신이 기업 고객이나 유통업체, 소매업체를 상대로 세일즈를 한다면 회사는 없고 오직 사람이 있을 뿐이라는 것이다. 당신은 완벽하게 합리적인 의사결정을 하는 생명이 없는 조직에 파는 것이 아니다. 당신은 사람에게 상품을 판다. 사람은 감성적이고 다소 비이성적인 존재이며, 의사결정을 할 때 자아, 개성, 불합리성의 영향을 받는다.

세일즈맨으로서의 나에게 이 말보다 더 도움이 되는 조언은 없었다. 나는 이 조언을 충실히 세일즈에 적용하고 있다. 처음 가망 고객의 사무실에 들어섰을 때, 나는 제일 먼저 사진을 찾는다. 그리고 그 안의 주인공들에 관해 질문한다. 사진 속에는 학교 로고가 새겨진 티셔츠, 테니스 라켓과 같은 이야기를 나눌 만한 많은 단서들이 있다. 이 단서들은 자녀들의 관심사를 짐작하게 하고 훌륭한 대화의 출발점을 제공한다. 아이를 키우는 부모의 입장에서 느끼는 수많은 기쁨과 근심들을 이야기하는 과정에서 자연스럽게 고객과의 유대감이 형성된다. 이러한 과정을 통해 나는 우수한 세일즈맨이 되었다.

그 다음에는 고객에게 공감을 표현할 수 있는 물건을 찾는다. 사무실 한켠에 놓여 있는 스포츠 팀의 기념품, 회사에서 받은 상패, 단체 사진, 평범하지 않은 예술품들은 고객의 마음속 특별한 부분을 차지하고 있으며, 고객들 대부분은 그것에 대해 이야기하기를 좋아한다. 왜냐하면 자신의 사무실 한자리에 놓아둘 만큼 의미가 있는 물건들이기 때문이다. 그래서 아주 적은 수고를 들이고도 고객이 얘기를 꺼내도록 만들 수 있다. 고객의 자녀, 골프 게임 혹은 다른 어떤 것이라도 상관없다. 간단한 질문으로 고객은 그에 관한 긴 이야기를 풀어놓을 것이다. 당신은 단지 유심히 듣고 자주 고개를 끄덕이면서, 공감하고 있음을 보여줘라.

그리고 그의 애정의 대상이 되는 누군가나 무엇에 대해 듣기 좋은 칭찬을 하는 것을 잊지 마라(그렇게 해서 넌지시 고객을 기분 좋게 해줘라). 다른 사람들이 아첨에 대해 뭐라고 하든 간에 분명한 한 가지 진실이 있다. 아첨과 감언(추켜세우기나 듣기 좋은 칭찬)은 효과가 있다.

이러한 최초의 대화를 지나 실질적인 대화에 들어가서도, 회사가 아닌 사람에게 세일즈하고 있다는 사실을 항상 명심하라. 당신의 목적은 고객이 제품이나 서비스를 구입하고자 하는 진정한 이유가 무엇인지 말하게 하는 것이다. 서류상이 합리적인 이유들은 진정한 이유인 경우가 아주 드물다.

여기 한 가지 예가 있다. 연간 매출 규모가 수십억 달러인 회사의 한 사업부서 사장이 프로젝트를 의뢰해 왔다. 그들 조직의 영업력을 향상시킬 수 있는 방법을 연구해 달라는 것이다. 나는 이런 일을 열두 번도 더 했고, 그 즉시 영업력을 향상시킬 수 있는 방법에 관한 완벽한 제안서를 쓸 수도 있었다. 하지만 그것은 죽어 있는 제안서가 되었을 것이고, 다른 경쟁자들이 보낼 제안서들과 별로 다를 바가 없을 것이다. 내가 그 프로젝트를 수주할 가능성은 기껏해야 4분의 1 또는 5분의 1이었다.

나는 바로 제안서를 쓰는 대신에 보다 깊이 있는 탐색에 들어갔다.

"당신은 어째서 조직의 영업력을 향상시킬 필요가 있다고 생각하십니까?"

"우리의 시장 점유율이 계속 하락하고 있고, 몇몇 좋은 기회들을 놓치고 있소."

"그 같은 기회를 놓치고 있는 이유는 무엇입니까?"

"나는 우리의 영업력을 향상시키기 위해 무엇이 필요한지 잘 알고 있소. 단지 그것을 실행하지 못하고 있을 뿐이오."

"어째서요? 당신을 방해하는 것이 있습니까?"

"글쎄요. 우린 아직 영업 체계가 정비되어 있지 않소. 즉, 하나의 팀으로 움직이지 못하고 있다는 뜻이오."

이제 나는 내가 고객의 의중에 근접했다는 것을 감지한다. 그래서 다소 위험한 상황으로 나아간다.

"누가 장애물입니까? 영업 이사입니까?"

"정확히 맞췄소. 그 양반은 너무 구식이오. 세상은 빠르게 바뀌어가고 있는데 영업 이사는 그걸 깨닫지 못하고 있소. 게다가 그는 다른 사람의 의견을 받아들일 생각을 전혀 하지 않고 있소."

"어째서 그런 사람을 교체하지 않습니까?"

"그는 회장의 신임을 얻고 있소. 영업 이사 때문에 회장을 설득하기도 쉽지 않소."

이제 진정한 문제가 무엇인지 규명되었다. 나의 고객은 상당히 훌륭한 아이디어를 가지고 있고, 영업력을 향상시키기 위해 무엇이 필요한지도 알고 있다. 단지 그에게 필요한 것은 어떻게 해야 영업 이사를 통솔할 수 있으며, 회장에게 자신의 제안을 잘 설명할 수 있느냐였다. 이것을 돕기 위해 우리는 영업 조직에 대해 연구할 것이다. 그러나 이제는 초기에 생각했던 목표가 아니라, 진정한 목표를 미묘하면서도 매우 효과적으로 달성할 수 있는 연구를 하고 제안서를 쓸 것이다.

고객이 내가 사무실을 나갈 때 어떻게 느꼈을지 생각해보라. 그가 느낀 것은 안도와 흥분이었을 것이다. '마침내 나를 진정으로 이해하는 사람을 만났어. 그 세일즈맨은 나에게 단지 뭔가를 팔려고만 하는 사람이 아니라 현실을 제대로 이해하고 있는 사람이야.' 라고 생각했을 것이다.

최종 결과는 내가 그 고객에게 중요한 뭔가를 팔았다는 것이다. 그리고 그는 내가 자신을 기만하지 않았다는 것을 알고 있다. 그 고객은 내가 다른 어느 세일즈맨보다도 더 효과적이고 직접적으로 자신의 니즈를 충족시켜줄 것임을 알았기 때문에 마침내 나는 무언가를 파는 데 성공할 수 있었다.

고객의 실질적인 개인적 관심사를 알기 전까지는 결코 고객의 사무실에서 나오지 마라. 그리고 질문을 멈추지 마라.

사람들의 진짜 관심사는 다양한 형태를 띠고 있다. 그들은 승진을 원하기도 하고, 해고를 모면하려고 애쓰기도 한다. 그들은 때때로 더 규모가 큰 기업을 경영하고 싶어한다. 그래서 합병이나 새로운 사업에 대한 투자를 정당화하려고 한다. 또는 단지 조직 내 갈등을 제거하고 팀워크를 강화하고 싶어하는 경우도 있다. 그래서 업무를 끝내고 집으로 돌아가서는 마음 편이 쉴 수 있기를 바란다. 하지만 그 형태에 관계없이, 모든 관심사는 필연적으로 회사 차원의 이성적인 것이라기보다는 개인적인 성격을 띠고 있다.

고객의 개인적 관심사를 충족시키는 행위가 비윤리적인 공작을 의미하진 않는다. 나는 단지 고객이 원한다는 이유만으로 고객의 회사에 해가 되는 것을 선택하지는 않는다. 오히려 그와 회사의 욕구를 모두 충족시켜줄 수 있는 방법을 찾아낸다. 그리고 고객의 다소 정당하지 못한 아이디어 대신에 우리의 아이디어를 회사가 받아들이도록 할 수 있다는 점을 설득한다.

또한 고객의 개인적 관심사를 충족시키는 것이 원칙의 희생을 의미하지도 않는다(그렇게 하면, 반드시 되돌아와 당신을 따라다닌다). 그것은 순진함을 버리는 것을 의미한다. 그리고 세일즈를 성사시키고 진정으로 고객 회사를 돕는 것은 무익하고, 이론적이고, 이성적인 주장만으로는 가능하지 않다는 사실을 깨닫는 것을 의미한다. 고객들은 당신이 그들의 개인적 관심사를 이해할 때 다가온다. 가망 고객에게 당신이 이론과 현실 세계의 차이를 이해하고 있다는 것을 보여줘라. 그리고 진정으로 존재하는 것은 회사가 아니라 오직 사람이라는 사실을 이해하고 있음을 보여줘라. 그것이 고객을 확보하는 가장 확실한 방법이다.

지난 5년 동안, 나는 세일즈의 90%를 실제로 성사시킬 수 있었다. 그렇게 할 수 있었던 다른 요소들도 분명 있겠지만, 무엇보다도 고객을 개인적 차원에서 접근해야 한다는 사실을 이해하고 실천했기 때문이다.

55

고객을 위해 어떤 위험도
불사하리라는 것을 보여줘라

고객에게 당신이 재능 있고 열정적이며 충직한 지원자라는 점을
확신시킬 수 있다면, 비용은 문제가 되지 않는다.

당신과 함께 일한 적이 있는 모든 사람들을 생각해보라. 그
들 중 몇 명이나 당신을 위해 진정으로 헌신적이었다고 생각하
나? 그들 중 몇 명이나 자신들의 기술과 열정을 당신을 위해 바
쳤다고 보는가? 아주 소수일 것이다. 그리고 당신은 그들을 위
해 무엇을 해주었는가? 멋진 인생을 보장하거나 좋은 대우를
해주고, 그들이 원하는 바를 성취시켜주었는가?

고객이나 잠재 고객에게 스스로가 그런 사람이 되어보라.
내가 가망 고객에게 전달하는 메시지는 이런 것이다. 당신이 나

를 고용한다면, 가장 헌신적이고 열정적이고 충직한 지원자를 얻게 되는 것이다. 나의 모든 기술과 재능은 당신을 위해 쓰일 것이고, 당신 자신보다도 더 당신을 위해 노력할 것이다. 필요하다면, 당신을 위해 불구덩이라도 뛰어들 것이다.

자, 우리 중 누가 자신을 위해 전적으로 헌신하는 재능 있는 사람들을 쫓아낼 수 있겠는가? 당신은 그 사람이 누구를 위해 일하게 할 것인가? 당신인가, 아니면 당신의 적인가?

불구덩이에 뛰어드는 것은 결코 공짜가 아니다. 그와 같은 기술, 열정, 서비스에는 돈이 든다. 하지만 만약 고객에게 당신이 고객의 개인적 관심사를 이해하고 있으며, 당신이 재능 있고 열정적이며 충직한 지원자라는 점을 확신시킬 수 있다면, 그 즉시 비용은 문제가 되지 않는다. 고객은 당신이 자신의 기업으로부터 더 많은 돈을 받을 수 있도록 기꺼이 노력할 것이다. 그리고 고객들은 당신이 지금까지 만나보았던 사람들 중 최고이고 당신을 잃을까 봐 두렵기 때문에, 진심으로 당신을 만족시켜주고 싶어할 것이다.

56

세일즈 성공을 위한 5가지 핵심 요소

희소함은 그 자체로 수요를 창출해낸다. 반면에 언제든지 이용 가능한
것은 오히려 상대로 하여금 망설이게 한다.

세일즈를 할 때마다 나는 항상 다음 다섯 가지 요소를 실천
한다. 이 모두를 실천한다면 세일즈는 당신의 것이다. 그 중 세
가지만 행동으로 옮겨도 당신은 놀라운 기회를 잡을 수 있다.

첫째, 기본적인 능력을 보여 주라.

당신의 제품과 서비스는 우수해야 한다. 그리고 당신은 매
우 영리하고 유쾌한 사람이어야 한다. 이것은 가장 기본적인 필
요 조건이다. 만약 당신이 이것을 할 수 없다면, 다른 모든 것은

실패할 수밖에 없다. 그러나 경쟁 제품 역시 뛰어나기 때문에, 우수한 제품만으로는 세일즈를 성공시킬 수 없다.

둘째, 고객과 개인적 공감대를 형성하라(54단계 참조).

셋째. 고객을 위해 어떠한 위험도 무릅쓸 수 있다는 확신을 보여 주라(55단계 참조).

넷째. 자신을 희소한 존재로 만들어라.

5년 전 어느 날, 나는 세계적인 한 대기업으로부터 전화를 받았다. 유럽에 본사를 둔 600억 달러 규모의 기업이었다. 세계 각지에서 온 90명의 고위급 관리자들이 플로리다에서 회장이 주관하는 회의에 참석할 예정이었다. 내가 기조 연설자로 추천 받았고, 회장의 최종 사인이 떨어졌다고 한다.

"좋습니다. 언제죠?"라고 대답했더니, 그들은 두 달 후 월요일 아침 8시 30분이라고 말했다. 나는 "안 됩니다. 주말에는 일하지 않는데, 월요일 아침에 출발할 경우, 버지니아에서 플로리다까지는 당일 8시 30분까지 도착할 수가 없습니다."라고 대답했다.

"어째서 안 된다구요?" 그들이 물었다.

"나는 주말에는 떠날 수 없습니다. 가족들과 주말을 함께 보내야 하거든요."

전화를 걸었던 사람은 회장에게 보고한 뒤 다시 연락해 왔다. 그는 다음과 같은 회장의 말을 전했다. "당신을 이해하지 못하겠다. 이번 기조 강연을 하려고 목매는 수십 명의 연설자와 컨설턴트들이 있고, 그 사람들 중 아무라도 선택할 수 있다. 그러나 우리는 당신을 선택했다. 이것은 대단한 기회이다. 당신은 연설을 해야만 한다."

나는 정중한 어조로 대답했다. "부디 회장님께 전해주십시오. 회장님께서는 단 한 명의 강연자가 필요한데, 기조 강연을 하고 싶어하는 수십 명의 다른 사람들이 있어 다행입니다. 저는 주말에는 떠날 수가 없습니다."

30분 뒤에 다시 전화가 걸려왔다. "회장님께서 자신의 전용 비행기로 월요일 아침에 당신을 플로리다로 모셔오라고 지시하

셨습니다. 괜찮으시겠습니까?"

"그럼요." 나는 기분 좋게 대답했다.

회장의 전용 비행기를 타고 플로리다 공항에 내리자 리무진이 대기하고 있었다. 나는 정해진 시간에 강연을 마쳤고, 이후 그 회사는 나의 중요한 고객이 되었다.

이 이야기의 요지는 결코 주말 출장을 피하라는 것이 아니다. 주말 출장을 하고 안 하고는 어디까지나 당신 마음이다. 요지는 고객들이 당신이 우수하다는 사실을 안 이후에는, 당신에게 그들이 별로 대단한 존재가 아닌 것처럼 행동하라는 뜻이다. 그러면 틀림없이 이렇게 생각할 것이다. "저토록 도도하게 나오는 걸 보면, 우수한 사람임에 틀림없어. 하지만, (제기랄!) 내가 그에게 질 수는 없지 않나. 내가 이기려면 그가 좋아하건 싫어하는 간에 그를 고용해버리는 거야."

여기 다른 사례가 있다. 유능하지만 경험이 없는 우리 회사의 신참 직원을 데리고 고객을 방문한 적이 있다. 회의 끝에 그 고객과 다음 번 일정을 잡을 필요가 있었다. 고객이 "9월 19일이 어떻습니까?"라고 하자, 나는 내 일정표를 들여다보면서 마치 호의라도 베푸는 듯이 느린 어조로 말했다. "향후 6주간 일정이 빽빽이 차 있군요. 하지만 19일에 특별히 시간을 내보겠습니다." 동석한 직원은 자신의 일정표가 없었다(신참이어서 고객과의 예약이 거의 없었다). 상황을 알아차린 그는 빙그레 미소를 띠며 "그러죠. 19일은 괜찮습니다."라고 말했다. 돌아오는 비행기 안에서, 나는 그 신참 직원에게 고객으로 하여금 당신이 무척 바쁜 사람이라는 인상을 심어주어야 한다고 충고했다.

희소함은 그 자체로 수요를 창출해낸다. 반면에 언제든지 이용 가능한 것은 오히려 상대로 하여금 망설이게 한다("어째서 그는 항상 시간이 있는 걸까? 아무도 그를 고용하고 싶어하지 않는 걸까? 그렇다면, 내가 잘못 판단하는 것일지도 몰라).

모든 세일즈에서는 밀고 당겨야 할 결정적 순간들이 존재한다. 당신이 제공하는 제품이나 서비스에 고객이 잔뜩 흥분되어 있을 때, 고객이 당신을 필요로 한다는 확신이 들기 시작했을 때는 퉁명스럽게("다른 고객들과의 약속이 꽉 차 있어서 당신 건을 처리할 시간이 날지 장담할 수 없군요.") 또는 미묘하게(고객이 계약 건에 관해 말하려는 순간, "혹시라도 우리가 당신을 위해 일하게 된다면"이라고 먼저 말하면서) 한발 물러선다. 그러면 그 고객은 더욱 조바심이 나서 죽을 힘을 다해 당신을 붙잡으려 들 것이다. 바로 이 순간, 당신이 승자다.

다섯째, 고객에 대한 헌신을 고객의 당신에 대한 의무감으로 전환시켜라.

내가 사업 관계로 만났던 대부분의 사람들은 자신들이 매우 공명정대하고 도덕적인 사람이라고 생각하고 싶어했다. 그들은 자신이 부당한 사람이라고 생각되면 아마 잠을 이루지 못할 것이다. 영업 사원으로서 당신은 그들이 공명정대하고 도덕적인 사람이라고 지지해줄 필요가 있다. 당신이 그들을 위해 어떠한 위험도 불사할 경우, 그들은 당신의 노고에 대해 공정한 (금전적) 대가를 제공하려 할 것이다.

바로 이 같은 대가가 고객과 개인적인 유대관계를 맺고, 고객을 위해 불구덩이라도 뛰어드는 진짜 이유이다. 일단 그렇게 하고 난 뒤에는, 당신은 고객의 눈을 보며 다음과 같이 말할 수 있다. "공정하게 말해서, 당신의 회사는 나에게 많은 액수의 돈을 지불해야 합니다. 나는 항상 당신과 함께해 왔고, 당신을 위해 기대 이상의 일을 했습니다. 자, 이제는 당신이 나를 위해 만족할 만한 답례를 해줄 차례입니다."

공정하지 못했을 때 느끼는 죄의식은 우리 모두에게 선천적인 것이다. 공정하고 싶다는 의식은 너무나 강력해서 굳이 언급할 필요도 없다. 인간적인 유대관계를 맺고, 불구덩이라도 뛰어들 각오를 하라. 그러면 모든 일이 끝난 후, 공정하지 못한 것 같다는 약간의 항의나 미약한 의사 표시만으로도 고객은 공정해지려고 애쓸 것이다. 나의 일부 고객은 내가 생각했던 것 이상으로 공정한 대가를 지불하기도 했다

세일즈를 성공시키는 5가지 요소를 항상 생각하라. 잠자리에서도 생각하라. 그리고 그 요소들을 체득하라. 그것들이 당신

의 제2의 천성이 되게 하라. 지금까지 알아왔던 것보다 훨씬 더
많은 사업 기회가 당신 곁에 있음을 발견하게 될 것이다.

57

사람은 없다.
단지 사람의 인식이 있을 뿐이다

마케팅에 대해서는 오로지 한 가지만 알면 된다. 고객들은 상품이
아니라 그들의 욕구에 대한 만족을 사는 것이다.

소매상이나 도매상을 통해 제품을 판매한다고 해도 궁극적
으로 그 제품을 구매하는 대상은 소비자이다. 사람은 컴퓨터와
달리 모든 것을 합리적, 이성적으로만 판단하지 않기 때문에 소
비자의 구매 특성은 비이성적인 성격을 띤다. 따라서 제품을 판
매하는 데 있어 가장 중요한 것은 제품 자체가 아니라 제품에 대
한 고객들의 인식이다.

지금 당신의 집에는 클로록스 표백제가 얼마나 있나? 왜 꼭
그 브랜드를 선택하나? 이 같은 질문에 대부분의 사람들은 그

제품의 특성이나 장점을 구체적으로 지적하지 못한다. 왜냐하면 그 제품을 구입하는 진짜 이유가 제품의 특성에 있는 것이 아니기 때문이다. 그들은 주변 사람들 모두가 클로록스 를 애용하고 있기 때문에 당연히 클로록스를 사야 한다고 생각하는 것이다.

클로록스는 다른 표백제들에 비해 상당한 비싼 가격에 팔린다. 그렇다고 다른 제품들에 비해 표백력이 특별히 우수한 편도 아니다. 그럼에도 불구하고 친숙한 광고와 그 동안의 습관때문에 집집마다 클로록스 표백제를 구입하는 것이다. 어쩌면 여성들은 이런 생각을 하고 있는지도 모른다. '만약 클로록스가 없었다면 남편은 깨끗한 드레스 셔츠를 못 입었을 것이고, 아이들은 누런 티셔츠를 입고 학교에 가야 했을지도 몰라. 어쩌면 결혼 생활도 원만하게 유지되지 못할 거야.'

소비재에 있어 브랜드 파워는 실로 엄청나다. 소비자들의 마음속에 강력한 브랜드 이미지를 구축하기는 결코 쉽지 않지만, 일단 그것을 얻은 뒤에는 스스로 강한 관성력을 갖는다. 클로록스, 크레스트, 크리넥스, 맥도널드와 같은 브랜드들이 시장에서 아주 오랫동안 지배력을 유지하는 이유도 거기에 있다. 그리고 팸퍼스 앤 하기스(일회용 기저귀)처럼 새로운 카테고리에 속하는 브랜드들이 이미지 구축을 위해 많은 돈을 쓰는 이유이기도 하다. 이들은 일단 브랜드 이미지를 얻고 나면, 아주 오랫동안 지속된다는 사실을 잘 알고 있다.

새로 시장에 진입하고자 하는 상품들에게 있어 기존 제품이 쌓아놓은 브랜드 이미지는 강력한 진입 장벽이 된다. 브랜드 이미지는 광고를 통해 형성되는데, 광고에 대한 투자는 위험도가 높기 때문이다.

만약 어떤 회사가 시장에 진입하기 위해 공장을 새로 짓고, 상품과 재고에 투자하는 데 드는 비용이 300만 달러라고 하자. 그런데 불행히도 이 회사 상품이 경쟁에서 밀려 시장 진입에 실패한다면, 원자재와 공장 건설에 투자한 300만 달러는 처분 또는 용도 변경을 통해 일정 부분 다시 회수할 수 있을 것이다. 하지만 광고에 300만 달러를 쓰고 시장 진입에 실패한 경우, 여기에 쏟아부은 돈 300만 달러는 영원히 사라져버린다. 회수가 불가능한 것이다. 이것이 바로 브랜드 이미지가 오래 지속되는 이유이다. 브랜드에 대한 투자는 너무 위험이 커서 경쟁자가 함부로 따라 하지 못한다.

나는 많은 세미나를 진행하고 있는데, 이렇게 말하는 참석자를 보았다. "글쎄요, 브랜드 이미지는 일반 소비재 산업에서는 유용하나, 회사를 상대로 하는 영업에서는 그렇지 않습니다. 회사는 이성적인 구매자들이니까요."

어리석은 생각이다. 기업의 구매 담당자도 집에서는 클로록스 표백제를 구입하는 보통의 사람이긴 마찬가지다. 페더럴 익스프레스나 제록스라는 브랜드가 기업을 대상으로 하는 시장이라고 아무런 힘을 발휘하지 못할 것 같은가?

나는 세미나 참석자에게 이렇게 대답한다. "당신과 내가 복사기 사업을 시작했다고 가정해봅시다. 회사명은 빌 앤 밥스 복사기라고 짓구요. 그리고 나서 제록스의 사장을 찾아가 다음과 같은 협상안을 제시했다고 합시다. 당신에게 50억 달러를 주겠소. 그 대신 이후로 제록스라는 이름은 우리가 사용하고, 당신 회사는 빌 앤 밥스 복사기라는 이름을 사용하시오. 과연 제록스 사장은 이 협상을 수락할까요?"

참석자는 잠시 생각하더니, "아뇨. 그러지 않을 거라고 생각합니다."라고 말한다. 그러면 나는 "자, 이제 우리는 제록스라는 브랜드 이미지가 적어도 50억 달러 이상의 가치가 있음을 알게 된 겁니다."라고 말한다. 아마도 제록스라는 브랜드 가치는 그보다 훨씬 더 많은 가치를 지닐지도 모른다.

비즈니스 스쿨에 있는 한 마케팅 교수는 이렇게 말했다. "마케팅에 대해서는 오로지 한 가지만 알면 됩니다. 당신은 고객에게 8분의 3인치짜리 드릴을 파는 것이 아니라, 8분의 3인치짜리 구멍을 파는 것입니다. 고객들은 상품을 사지 않습니다. 그들의 욕구에 대한 만족을 사는 것입니다."

어떤 의미에서 고객의 욕구는 실체가 있다. 고객이 원하는 것은 구멍이다. 하지만 더 본질적인 의미에서 고객의 욕구는 심리적이다. 즉, 친구가 아우디를 타고 운전하는 자신의 모습을 봐주길 원한다. 말보로를 피우면 카우보이와 함께 서부에 와 있는 듯한 느낌이 든다. 아이들을 야구 경기장에 데리고 가는 것은 아버지가 자신을 데리고 다니던 어린 시절을 떠오르게 한다.

우리 회사에서 늘 강조하는 말이 있다. 드릴이 아닌 구멍을 팔아라. 누구나 드릴을 만들 수는 있지만, 의식 있고 뛰어난 영업 사원만이 구멍을 잘 팔 수 있다. 구멍을 팔아라. 그러면 당신은 보다 많은 고객을 얻고, 보다 높은 가격을 받게 될 것이다.

58

어떤 고객도 똑같지 않다.
맞춤화된 상품을 제공하라

서비스 영역의 세분화와 고객의 욕구에 맞춘 서비스는 엄청난 수익을
창출할 수 있는 기회를 제공한다.

대부분의 회사들은 그들의 상품이나 서비스를 정의하는 데
게으르다. 또한 어떤 고객층에 어떻게 팔리는지에 대해서도 명
확한 정의를 내리지 않고 있다. 그들은 겨우 한두 가지 정도의
아이디어를 생각해낸 다음 모든 소비자들에게 똑같은 방법으로
팔려고 든다.

모든 산업 분야에서 고객층의 욕구를 더 잘 충족시키는 기
업들에게는 엄청난 기회가 기다리고 있다. 제품뿐만 아니라 판
매 조건, 서비스 수준, 그리고 고객과의 상호작용 방식에 있어

맞춤화가 아직 충분히 이루어지지 못하고 있기 때문이다.

이것은 특히 서비스 산업에서 진실이다. 일반적으로 서비스 산업에서의 고객 세분화는 프록터 앤 갬블과 같은 소비재 기업들이 달성한 정교함의 수준에 훨씬 미치지 못하고 있다.

한 바쁜 직장 여성이 일을 마치고 집에 가는 길에 대형 슈퍼마켓에 들렀다. 금요일 저녁이라 매장은 사람들로 붐볐고, 그녀는 야채값을 계산하기 위해 20분을 기다려야 했다. 어째서 번잡한 시간대에는 5% 프리미엄 라인이 없는 걸까? 그들은 3분 안에 상점을 나갈 수만 있다면, 40달러짜리 야채에 2달러를 더 지불하고도 남을 사람들이다. 그들에게 17분의 시간은 2달러 이상의 가치가 있다. 그리고 당신은 새로운 세분 시장에서 로열티를 구축하게 된다. 2달러를 더 지불할 여유가 없거나, 번잡하지 않은 시간대에 쇼핑하는 사람들은 정해진 줄에서 기다릴 수 있다.

곰곰이 생각해보면 일상 속에서 우리는 이와 같은 일들을 수도 없이 자주 맞닥뜨린다. 모든 사람들이 그 다음 날 소포를 받아볼 필요가 있을까? 하루 늦게 받아도 좋다고 수락하는 사람들에게는 약간의 할인을 해주면 어떨까? 15분 이상 기다려야 하는 톨게이트에서 바쁜 운전자는 돈을 더 내고 급행으로 통과할 수 있게 하는 것은 어떨까?

서비스 영역에 대한 세분화, 고객의 욕구에 맞춘 서비스는 100억 달러 이상의 수익을 창출할 수 있는 엄청난 기회다(다른 각도에서 배송 사업을 처음으로 세분화했던 페더럴 익스프레스의 초창기 투자자들에게 물어보라).

고객 맞춤화를 통한 사업 기회는 서비스 분야 외에도 많이 있다. 나는 예전에 대형 정유회사를 컨설팅한 적이 있다. 그 회사는 소매사업(주유소) 분야에서 선두 기업이었지만, 고객 세분화를 제대로 못해 어려운 상황에 처해 있었다. 이유인즉, 마케팅 의사결정을 엔지니어들이 내리고 있었다. 그들은 P&G의 수수한 마케팅 전문가를 초빙해 고객을 유인하고 수익을 내는 방법에 대한 교육을 받았다. 그리고 나중에는 아예 좋은 조건으로 그를 채용해버렸다. 애플은 펩시에 있던 존 스컬리를 CEO로 영입함으로써, 고객을 아는 것이 컴퓨터를 아는 것보다 더 중요하다는 사실을 알고 있다는 것을 보여주었다.

수십 년간 시장을 세분화해 온 소비재 기업들조차도 아직 포착하지 못한 수많은 기회들을 갖고 있다. 이들은 제품 자체를 세분화하는 방법에 대해서만 어느 정도 알고 있다. 그러나 유통 경로에 따라 어떻게 판매 방식을 달리할 것인지, 고객들에게 어떤 경로로 제품을 제공할 것인지, 할인 혜택을 주는 다른 방법이 없는지와 같이 그들 사업의 서비스 목표를 세분화하는 것에 관해서는 이제야 겨우 생각하기 시작했다.

좋은 아이디어, 좋은 제품이나 서비스를 만들어내는 것은 첫 단계일 뿐이다. 수익을 극대화하기 위해서는 모든 유망한 세분 시장들에 창조적이고 열정적으로 그 아이디어들을 맞춤화해야 한다.

59

자신을 어떻게 팔 것인가 생각하라

역할 모델들은 당신 주변에 있다. 그들을 연구하고, 배워라. 그리고 그들의 장점을 빌리거나 훔쳐라.

영업은 과학이다. 내가 직원들에게 강조하는 말이다. 영업은 측정될 수 있고, 확실성을 갖고 완전히 이해될 수 있다는 의미에서 과학은 아니다. 하지만 측정될 수 없다는 것이 영업 프로세스를 철저하게 연구하지 말아야 한다는 것을 의미하진 않는다. 우리는 자신에게 이런 질문들을 던져보아야 한다. 무엇이 고객을 움직이게 하는가? 이번 상담에서 무엇이 효과적이었는가? 또 무엇이 효과적이지 못했는가? 다음 번에는 무엇을 좀더 잘할 수 있을까? 고객이 현재 쓰고 있는 물건을 구매한 이유는 뭘까?

이러한 질문들을 던지고 그 답을 찾는 방법 중 하나는 자신의 구매(또는 비구매) 경험을 떠올려보는 것이다. 나는 왜 그 부동산 중개인이나 세일즈맨을 선택했던 걸까? 왜 나는 다른 사람들을 거절했던 걸까? 상가 진열이나 TV 광고는 어떻게 해서 나로 하여금 충동구매를 유발시킨 걸까? 내가 뭔가를 사려고 가게에 들어갔음에도 불구하고, 그냥 나오게 된 것은 판매 직원이 무엇을 잘못해서일까? 이러한 질문들을 스스로 묻고 답할 때마다 나는 어떻게 해야 영업을 잘할 수 있을지 배우게 된다. 그리고 항상 그것을 내 사업에 적용해보곤 한다.

영업을 배우는 또 다른 방식은 대가들에 관해 연구하는 것이다. 로널드 레이건, 미하일 고르바초프, 마거릿 대처, 샤킬 오닐, 그렉 노만, 프랭크 시나트라, 마돈나. 이들은 각자의 분야에서 다른 사람들은 꿈도 꾸지 못할 놀라운 성공을 성취했던 사람들이다. 엄청나게 많은 사람들로 하여금 돈을 내거나 투표를 하게 만든 그들의 말이나 행동에는 무엇이 있는 걸까? 나는 그들을 볼 때마다, 그들의 얼굴 표정과 태도, 말투, 사고방식을 관찰하고 내 스타일에 맞는 것을 찾아 접목시킨다.

영업 실적을 극대화하는 열쇠는 영업을 무한하고 지속적인 개선의 기회를 제공하는 하나의 프로세스로 바라보는 것이다. 역할 모델들은 당신 주변에 있다. 그들을 연구하고, 배워라. 그리고 그들의 장점을 빌리거나 훔쳐라. 다음 번 20%의 실적 성장은 당신이 그들로부터 얼마나 잘 배웠는가에 달려 있다.

나는 영업에 실패할 때마다 실패 이유가 무엇인지 분석해본다. 어떤 결정적인 순간에 내가 잘못된 것을 제시하거나 말했을까? 그리고 다시는 그 같은 실수를 반복하지 않겠다고 결심한다. 실패가 없는 것은 자신의 있는 힘을 다하고 있는 것이 아니다. 같은 실패를 반복하지 마라. 이것이 당신의 역량과 사업에서의 성공을 극대화하는 길이다.

60

고객들은 피 한 방울의 냄새도
놓치지 않는다

100%의 자신감을 보여주면, 고객은 상당히 안심한다. 하지만
99.9%의 자신감을 나타내면, 무척이나 불안해 한다.

배고픈 상어는 피 한 방울의 냄새도 맡을 수 있어서 아주 먼
곳에서도 먹잇감을 찾아낸다. 고객도 마찬가지다. 고객은 조그
만 약점도 놓치지 않는다. 따라서 그들이 어떠한 의심도 품게
해서는 안 된다.

당신은 고객에게 확실하고도 가능한 모든 방법으로 우리 상
품을 구입하면 대단히 만족스러울 것이라는 점을 전달해야 한
다. 당신은 이를 말투, 몸짓, 서면과 같은 여러 방법을 통해 전
달할 수 있다(내가 고객에게 보내는 편지의 말미쯤에 항상 포함되는

문장이 있다. "저는 당신이 만족하시리라 확신합니다." 편지를 받아본 여러 명의 고객들이 "확신합니다"라는 표현에 영향을 받았노라고 나에게 말해주었다).

100%의 자신감을 전하게 되면, 고객은 상당히 안심한다. 만약 99.9%의 자신감을 나타내면, 고객은 무척이나 불안해 한다. 먼 곳의 피 냄새도 놓치지 않는 상어처럼, 고객은 당신이 느끼는 아주 사소한 불확실성을 탐지하여 마음속으로 그것을 수백 배 확대한다. 판매를 성사시킬 기회가 저만치 멀어지는 것이다.

나의 기존 고객과 가망 고객들 중 다수가 먼 곳에 있다. 그래서 나는 그들을 만나기 위해 비행기를 탄다. 비행기가 착륙할 때쯤 되면, 편지지와 펜을 꺼내어 나의 '결정적 생각(swing thought)'을 적어둔다(훌륭한 골퍼는 스윙을 하는 동안 집중하는 생각의 리스트를 갖고 있다. 불행히도 나의 경우 '결정적인 생각'은 골프에서보다 영업에서 더 큰 효과를 가져온다). 나의 결정적인 생각은 '녹색뿐만 아니라 붉은색 제품도 있다는 것을 상기시켜라'거나 '고객에게 5% 할인을 제안하라'와 같은 것이 결코 아니다. 나의 결정적 생각은 언제나 '전혀 의심할 바가 없다는 것을 보여주자', '고객의 욕구를 충족시킬 수 있는 세상에서 가장 뛰어난 회사라는 점을 확신시키자'와 같은 식이다. 고객에게 자신의 회사와 상품에 대한 강력한 확신을 전달하는 것은 그 어떤 말보다도 중요하다.

가망 고객은 질문을 많이 한다. 당신의 모든 답변은 잠재적인 피 한 방울을 드러낼 수 있다. 고객의 어떤 질문에도 동요해서는 안 된다. 결코 당신의 확신을 조금도 떨어뜨리지 마라.

모든 시대를 통틀어 가장 위대한 영화 중 하나는 제임스 딘이 출연한 〈이유 없는 반항〉이다. 제임스 딘은 새로 전학 간 고등학교에서 불량배들에게 둘러쌓인 10대 역할을 맡았다. 불량배들은 그에게 온갖 괴롭힘과 협박을 가했지만, 그는 강인한 청년이었고 그들에게 굴복하지 않았다. 그래서 그들은 제임스 딘을 굴복시키기 위해 절벽 가까이에서 벌이는 위험한 자동차 경주를 제안하기로 했다. 그들이 물었다. "너, 치킨 게임 할 줄 알아?" 제임스 딘은 조용하면서도 자신 있게 대답했 다. "그게 내가 하는 전부야." 그들이 사라진 후 제임스 딘은 그의 유일한 친구에게 다가가서 묻는다. "치킨 게임이 뭐냐?"

가망 고객이 당신에게 이러이러한 요구를 만족시켜줄 수 있느냐고 물어올 때, 유일하게 옳은 대답은 "그게 우리가 하는 전부입니다."이다. 당신이 고객의 사무실을 떠난 후에 그 요구를 만족시킬 방법을 찾는 데는 충분히 많은 시간이 남아 있다.

61

판매 과정은 차별화를 위한 절호의 기회다

기업 고객의 경우, 공급업체를 선택할 때 판매 과정에서 무엇이
어떻게 행해지는가 하는 무형적 요인을 중요하게 본다.

내 경쟁자들은 종종 프로젝트 제안서를 작성하는 데 2주 정
도를 보낸다. 하지만 그렇게 작성된 제안서가 그들의 효율성,
신속한 대응 능력, 고객 지향성에 대해 어떤 말을 해줄까? 나에
겐 좀처럼 어기지 않는 법칙이 있다. 고객이 전화상으로 또는
직접적으로 관심을 표할 때마다 바로 당일이나 밤샘 작업 을 해
서 다음 날까지 서면으로 된 응답이나 제안서를 보낸다. 그러면
고객들은 한결같이 이렇게 반응한다. "이토록 신속한 응답이 돌
아오다니 정말 믿어지지 않는군요. 앞으로 당신에게 기대할 수
있는 서비스가 어떨지 알겠습니다."

판매 과정이 어떠하든 간에 다음 사항들이 매우 중요하다.

- 매우 신속하게 응답하라.
- 전문가답게 응답하라.
- 판매 과정 동안에 고객에게 실질적인 정보만을 제공하라.
- 고객의 니즈를 충족시키는 데 필요한 그 어떤 것이라도 하려는 융통성과 의지를 다양한 방법으로 전달하라.

너무 많은 영업자들이 상품이나 제안서 자체가 세일즈를 성사시켜준다고 생각한다. 하지만 대부분의 기업 고객의 경우, 공급업체를 선택하는 결정적 요소는 판매 과정에서 무엇이 어떻게 행해지는가 하는 무형적 요인이다. 이전에 당신의 상품이나 서비스를 구매해보지 않은 고객이라면 무엇을 가지고 판단하겠는가? 바로 그가 판매 과정에서 당신에 대해 본 것이다.

판매 과정은 고객에게 당신이 무엇을 할 수 있는지를 보여줄 수 있는 절호의 기회다.

62

판매가 성사되는 순간 재판매를 시작하라

만약 먼저 성사된 판매를 이행하는 데 주력한 다음 재판매를
걱정한다면 그건 너무 늦다.

말할 필요도 없이, 일단 판매가 성사되면 당신은 고객에게
양질의 상품이나 서비스를 제공하고 약속을 이행하는 것이 중
요하다. 하지만 상품을 제공하는 것에 과도하게 신경을 쓰는 기
업가 또는 세일즈맨은 제한된 성공밖에 거둘 수 없다.

판매를 하는 순간 모든 사고와 에너지, 고객과의 상호작용
은 그 고객에게 다음 판매를 어떻게 할 것인가에 초점이 맞춰져
야 한다. 이는 후속 작업을 소홀히 하라는 뜻이 아니라, 다음 판
매를 유도하는 방식으로 후속 작업을 하라는 의미이다.

여기에는 미묘하지만 결정적인 차이가 있다. 고객의 요구 조건을 충족시키고, 약속을 이행하는 데 신경을 많이 쓰는 사람은 고객에게 미안해 하고 지나치게 저자세를 보일 것이다. 결국 상어가 달려들게 하는 피 냄새를 풍기는 것이다. 그는 목표를 너무 낮게 잡고 있다. 즉, 고객의 불평 없이 주문을 이행하면 판매가 성공하는 것으로 보는 것이다. 하지만 그는 판매가 성사되고 나면 다음 판매를 위해 새로운 고객을 찾아 나서야 한다.

이와 대조적으로, 주문이 아무 문제 없이 이행되리라는 것을 확신할 뿐만 아니라 어떻게 해서든 해낼 수 있다는 태도를 갖고 있는 사람은 그러한 자신감과 능력을 발산하게 될 것이다. 고객들은 '그 사람도 걱정 안 하는데 내가 왜 해?' 라고 생각할 것이다. 이 경우에는 고객과의 힘의 균형이 달라진다. 그가 고객이 존경하고 의지할 수 있는 최고의 능력을 가진 사람으로 보여지기 때문이다.

그럼 이제 당신이 할 일은 이러한 자신감을 더 많은 판매로 전환하는 것이다. 첫 판매를 성사시킨 순간 스스로에게 다음 질문을 해보라.

- 고객을 이롭게 할 어떤 제품이나 서비스가 더 있는가?
- 어떤 방식으로 그것들을 제시할 것인가?
- 판매를 성사시키기 위해 고객에 대해 더 알아야 하는 것은 무엇인가?

만약 먼저 성사된 판매를 이행하는 데 주력한 다음 재판매를 걱정한다면 그건 너무 늦다. 그 시점에서는 고객과 접촉할 수 있는 기회가 적어지고, 그 결과 영향력을 행사하기도 어렵기 때문이다. 확신에 찬 세일즈맨은 첫 판매가 성사되는 순간에 다음 판매를 시작한다. 세일즈에 있어서 자신감은 자기 충족적 예언이다.

63

영업은 매력을 파는 것이다

우리는 마음에 들거나 호감이 가거나 적어도 어떻게 하든 흥미를
느끼게 하는 사람들에게서 물건을 산다.

내가 아는 한 회사가 영업 사원을 채용하는 과정에서 사용
하는 테스트가 있다. 지원자가 수차례의 면접을 거치고 채용 가
능성이 높은 후보로 간주되었을 때, 적당한 이유를 들어 채용
담당자와 함께 몇 시간 동안 여행을 하게 한다.

채용 결정은 매우 간단하다. 만약 그 채용 담당자가 여행이
일찍 끝나기를 바라는 상황이 되면 후보자는 탈락한 것이다. 이
과정이 극단적일 수도 있지만 그 원칙은 견실하다. 즉, 우리는
마음에 들거나 호감이 가거나 적어도 어떻게 하든 흥미를 느끼

게 하는 사람들에게서 물건을 산다. 그들에게 구매함으로써 우리는 그들에게 다가가거나 그들 가까이에 있을 이유를 만든다. 매력적인 사람을 자신의 곁에 두고 싶은 심리적 욕구는 이미 잘 알려진 사실이다.

분명히, 고객을 유인하는 것이 당신이나 고객의 개인적인 정직성과 윤리성을 희생시키는 행위를 하는 것을 의미하진 않는다. 원하든 원치 않든 간에 모든 인간은 만나는 사람들에 대해 재빨리 좋아하거나 싫어하는 감정을 갖는다. 성공적인 판매 과정의 일부는 장래의 가망 고객에게 넓은 의미에서 매력을 파는 것이다.

매력이란 카리스마, 매너, 호감이 가는 개성을 뜻한다. 그것은 훌륭한 경청 태도와 다른 사람이 귀를 기울이게 만드는 능력을 의미한다. 또한 매력은 유머감각이나 세련된 옷차림을 뜻하기도 한다.

세일즈가 매력 그 자체만으로 성사되지는 않는다. 하지만 분명 도움이 된다. 어떻게 하면 당신의 매력을 고객에게 최대한 보여줄 수 있을지 생각해보라. 그리고 영업 직원을 채용할 때도 그 점을 고려해보라.

64

더 많이 요구하는 사람이 더 많이 얻는다

더 많이 요구하기 위한 심리적 열쇠는 실패나 거부에 대한 두려움을
극복하는 것이다.

내가 젊었을 때 세일즈 방법에 관한 4일짜리 코스를 들은
적이 있다. 그 코스에서 배운 것 중 기억나는 중요한 격언이 있
다. 그것은 더 많이 요구하는 사람이 더 많이 얻는다는 격언이
다. 하지만 우리 중 상당수가 이 원칙을 실행하기를 어려워한
다. 우리는 자신의 상품이나 기술에 대해 어느 정도는 확신이
없어 하며, 고객에게 많은 돈을 요구하는 것을 두려워한다. 우
리는 자신이 그럴 만한 가치가 없다고 느낀다. "과연 우리가 고
객의 모든 니즈를 최상으로 충족시킬 수 있다고 자신 있게 주장
할 수 있을까?"

우리는 많은 일상적 거래에서도 이 원칙을 적용하기를 주저한다. 우리들 중 몇 명이나 비행기 기내식에 대해 투덜거리면서도 정작 다른 디저트나 맛있는 음식을 더 달라고 당당히 요구한 적이 있는가?(그들은 대개 당신이 요구하는 대로 준다.) 당신은 고객에게 무관심한 카운터 직원이 전화 통화나 사무를 끝내길 기다리는가? 아니면 먼저 자신의 일을 처리해주고 다른 일을 보라고 요구하는가?

당신은 지금껏 집수리 청구서에 대해 이의를 제기해본 적이 있는가? 나는 꼭 제기하는데, 그러면 청구 비용의 3분의 1이 줄어든다. 호텔을 예약할 때도 품위를 갖추되 고집세게 요구하면 좀더 나은 요금이나 더 높은 급의 방을 얻어낼 수 있다.

이것들은 그저 사소한 예들이지만 당신이 하는 세일즈의 규모와 가격은 결코 사소하지 않다. 가장 단순한 세일즈 원칙은 더 많이 요구하라는 것이다. 전에 받았던 것보다 더 많이, 고객이 말하는 것보다 더 많이, 소심한 당신 자신이 받을 만하다고 생각하는 것보다 더 많이 요구하라. 영리하고 조심스럽게 한다면, 더 많은 것을 요구하는 행위는 당신에게 놀라운 결과를 가져다줄 것이다. 왜냐하면 대다수의 사람들은 당신의 요구를 거절해야 하는 불편을 감수하느니 차라리 당신에게 더 주고 말 것이기 때문이다.

더 많이 요구하기가 어렵다면 이렇게 해보라. 고객이 X를 사고 싶어하면 Y와 Z까지 함께 사라고 하라. 그러면 고객은 Y와 Z를 거절하면서 그가 할 수 있는 온갖 저항을 할 것이다. 그에게는 X만 사는 것이 커다란 안도와 승리로 보일 것이다. 내 사업의 제1원칙은 '2개를 얻기 위해 5개를 요구하라'는 것이다.

더 많이 요구하기 위한 심리적 열쇠는 실패나 거부에 대한 두려움을 극복하는 것이다. 실패에 대한 두려움을 극복하는 비결은 그 과제를 재정의하고, 그럼으로써 무엇이 실패인지를 재정의하는 것이다.

만약 영업 직원들이 그들이 시도한 각각의 세일즈를 생사의 문제로, 승리나 패배로 간주한다면 그들은 절망의 인생에 대비

해야 한다. 왜냐하면 사업이나 세일즈에서는 승리보다는 패배가 훨씬 더 많기 때문이다. 대신에, 당신은 각 '전투'의 정의를 5번의 전투 또는 10번의 전투로, 또는 한 달이나 일 년 간의 전투로 넓혀야 한다.

내 회사에서는 직원들의 실적을 12개월 평균치로 관리한다. 다시 말해, 지난 12개월 동안의 월평균 실적을 가지고 직원들을 평가한다. 그 12개월의 기간에는 대개 75건의 판매 시도와 많은 성공적인 결과가 들어 있다. 이 기간은 직원들이 각각의 세일즈가 아니라 전반적인 실적에 초점을 맞추게 하는 데 충분한 시간이다. 전반적인 실적에 초점을 맞추면, 그들은 개별적인 거절을 덜 두려워하고, 더 대담해져서, 더 많이 요구하게 된다.

나는 때때로 진취적인 직원에게 이렇게 말한다. "10건의 세일즈를 하나의 세일즈로 생각하라. 지난 10건의 상담 중 하나라도 성공했는가? 그렇다면 당신의 세일즈는 성공한 것이다."

하나의 묶음으로 성공과 실패를 볼 수 있는 능력은 당신 자신에게 하는 매우 유익한 마인드 게임이다. 나는 초기 사업에서 하루에 네 번은 큰 돈을 벌었고 두 번은 큰 돈을 잃었다. 그러나 나는 완벽주의적인 자책감에 휩싸여서 밤에 집에 가서는 그 두 실패만을 생각했다. 그 후 사업이 번창해서 나는 하루에 여덟 번은 많은 돈을 벌었고 네 번은 잃게 되었다. 집에 가서 그 네 번의 실패에 집중했는데, 글쎄 전보다 두 배나 기분이 나쁜 게 아닌가!

그러던 어느 순간 나는 더 큰 그림을 보는 법을 배웠고, 실패와 성공 간에 균형을 맞출 수 있었다. 무엇보다도 이것은 나의 저녁 시간과 주말을 더 즐겁게 해주었다. 하지만 그 이상으로 이것은 나로 하여금 고객의 거절에 대해 덜 염려하게 해주었고, 꼿꼿이 서서 더 많은 것을 요구하게 만들었다. 그 결과는 더 적은 실패, 더 큰 성공으로 나타났다. 자신감이 자기 성취적 예언이 되었기 때문이다.

다음에는 자신 있게 상품과 서비스 가격을 정하는 방법에 대한 좀더 구체적인 수업으로 들어가보자.

65

고객이 지불하려고 하는
최대 가격을 요구하라

가격 책정의 첫번째 원칙은 가장 간단하고 상식적이지만 가장
무시되고 있다.

대부분의 기업들은 본능적으로 매출 지향적이고, 판매 지향적이며, 분주한 상태를 유지하려 한다. 그들은 수익 극대화를 추구하지 않는다(비록 말로는 수익 극대화를 추구한다고 해도). 이 사실의 당연한 결과로서, 대부분의 기업들은 판매를 성사시키기 위해 가격을 정할 때면 항상 소극적이 된다.

가격 책정의 첫번째 원칙은 가장 간단하고 상식적이지만 가장 무시되고 있다. 그것은 모든 고객에게 그가 기꺼이 지불할 최대한의 가격을 요구하라는 것이다.

여기 상당한 수익을 올릴 수 있는 기회를 파악하는 간단한 절차가 있다. 당신의 가장 큰 20명의 고객 명단을 만들어보자 (소비재를 판매한다면 당신이 거래하는 가장 큰 20개의 소매상과 도매상 리스트를 만들어라. 또는 소비자 차원에서 하고 싶다면 당신이 판매하는 가장 큰 세분 시장의 리스트를 만들어라).

이제 각각의 고객에 관해 스스로에게 질문해보라. "가격을 2% 올리면 과연 그 고객을 놓칠까?" 그 답이 "아니다"라면 다음에는 5%, 8%, 12%, 그리고 15%를 시도해보라. 당신이 이 질문들에 정확하고 정직하게 대답했다면, 일부 고객들은 가격인상을 받아들일 수 없겠지만 다른 고객들은 2%, 5%, 12% 또는 15%까지 받아들일 수 있다는 사실을 알게 될 것이다.

하지만 이 세상에는 스스로 알아서 가격을 최대화하는 영업 조직은 없다. 그들은 수주하는 데만 골몰해서 당신에게 이렇게 말할 것이다. 5%, 8%가 뭐 그리 대단합니까? 별것 아니에요. 하지만 영업 마진율이 10%나 15%인 기업의 경우, 그 같은 정도의 가격 인상이면 수익에 커다란 영향을 미친다.

나는 이 과정을 20억 달러 규모의 엔진 제조회사 사장과 함께 시도해보았는데, 이 회사 전 제품 라인의 가격을 평균 4.7% 인상하는 결과를 얻었다. 우리는 가장 큰 20개의 고객부터 시작했지만 서서히 65개의 고객까지 확대해 나갔다. 이들 고객들은 회사 전체 매출의 98%를 차지했다. 그 과정 내내 우리의 좌우명은 '목표는 완전히 행복해 하는 고객이 아니라 수익을 극대화해주는 고객이다' 였다. 나는 그 사장과 3년간 일했는데, 몇 년 후 점심식사 중에 그 좌우명이 그가 내게서 배운 가장 중요한 교훈이라고 말했다.

　　여기 또 다른 예가 있다. 내가 같이 일한 한 중소기업 경영자는 5년 동안 가격을 한 번도 올리지 않았다. 내가 가격을 올리라고 하자, 그녀는 말했다.

　　"고객들이 펄쩍 뛸 거예요. 지난 번(5년 전)에 가격을 올렸을 때, 정말 끔찍했거든요."

　　"5년 전에 무슨 일이 일어났는데요?"

　　"정말 끔찍했어요. 두번 다시 말하기도 싫습니다."

　　"고객 중 실제로 몇 명이나 불만을 제기했습니까?"

"엄청 많아요."

"얼마나요?"

"아마…… 12명쯤 될 거예요(150명 중에서)."

"그럼 실제로 몇 명의 고객을 잃었습니까?"

"글쎄요, 잃은 고객은 없어요. 모두 인상된 가격을 받아들였고, 계속 거래했어요. 하지만 그들이 무척 화를 냈지요."

몇 안 되는 고객이 화를 냈다고 그녀는 5년 동안 가격을 한 번도 올리지 않았다!

우리는 고객이 불평하는 것에 지나칠 정도로 과민 반응하는 경향이 있다. 가격 인상은 거대한 수익 향상의 지렛대이다. 그것을 이용하라.

66

가격대를 결정하고 나서
상품이나 서비스를 제안하라

세일즈에서 제일 먼저 해야 하는 가장 중요한 일은 고객이 지불할
의사가 있는 최대 가격을 알아내는 것이다.

대부분의 사람들은 고객에게 무엇을 팔 것인가를 먼저 결정한다. 그리고 나서 가능한 한 많이 팔려고 노력한다. 나는 그 반대로 한다.

세일즈에서 내가 제일 먼저 하는 가장 중요한 일은 고객이 지불할 의사가 있는 최대 가격을 알아내는 것이다. 그런 다음 그 수준에 적합한 상품이나 서비스를 제안한다. 이런 식으로 나는 각각의 고객으로부터 최대로 가능한 가격과 매출을 얻어내고 전체적인 수익성을 극대화한다.

여러분 중 대학에서 경제학 원론을 수강한 사람들은 '소비자 잉여'라는 용어를 기억할 것이다. 그 개념은 서로 다른 고객들이 당신의 상품과 서비스에 서로 다른 액수를 지불하려고 한다는 것이다. 경제학 이론에 따르면, 당신은 모든 고객을 얻기 위해 가장 낮은 가격을 책정하지는 않는다. 왜냐하면 그렇게 되면 당신에게 돌아오는 이익이 전혀 없기 때문이다. 당신은 또한 가장 높은 가격을 책정하지도 않는다. 그러면 마진은 높지만 단지 한 명의 고객만 확보할 수 있기 때문이다. 그래서 당신은 중간 가격을 선택하는데, 이는 아주 낮은 가격대의 고객은 잃지만 다른 고객들에게는 그들이 지불하려고 했던 최고 가격보다 낮은 가격에 상품을 제공하게 된다. 그 고객들의 행운을 '소비자 잉여'라고 하는데, 이는 그 고객이 지불한 가격과 지불하려고 했던 최대 가격의 차이이다.

이것은 훌륭한 경제학일 수는 있지만 훌륭한 사업은 아니다.(솔직히 부유한 경제학자를 만나본 적이 있는가?) 내가 한 회사의 컨설팅을 맡게 되면, 그 회사는 소비자 잉여를 포착하고 그것을 그들의 것으로 만든다. 즉 우리는 각각의 고객이나 소비자층이 지불하려고 하는 가격을 알아내어 그 가격을 책정한 다음, 그 가격대에 적정한 상품이나 서비스를 제시하는 것이다.

당신은 아마 이렇게 질문할 것이다. "고객이 지불하려는 가격이 얼마인지 어떻게 결정하는가?" 다음 장을 계속 읽어보라.

67

고객이 지불하려는 가격을 물어보라

지불하려는 가격을 알아내는 방법 중 하나는 여러 가격대를 제시하고
고객이 답하게 하는 것이다.

나는 모든 세일즈에서 고객에게 그가 지불하길 원하는 가격
을 물어본다. 질문 방법에는 여러 가지가 있다. 대부분의 고객
에게 다음 두 가지 방법 중 하나는 효과가 있을 것이다.

첫번째 방법은 여러 가격대를 제시하고 고객이 답하게 하는
것이다. "저는 이와 같은 프로젝트를 서비스 수준에 따라 5만
달러, 10만 달러, 20만 달러에 진행해 왔습니다. 시간을 절약하
기 위해 어느 정도가 당신의 예산에 적합한지 말씀해주시죠."
보통 그 답은 다음과 같은 식이다. "5만 달러보다는 훨씬 더 많

이 쓰겠지만 10만 달러까지는 아닙니다."

이제 당신은 고객이 얼마를 지불하고 싶은지 대략 알아차릴 수 있다. 8만 달러? 9만5천 달러? 당신은 여기서 한 발짝 더 나갈 수 있다. 즉, 가격 범위를 더 좁혀서 되물어보거나 또는 일단 8만 달러짜리를 제시하고 고객이 받아들이면 추가로 1만5천 달러짜리 옵션을 제시하는 것이다.

두 번째 방법은 공급업체와 고객기업 간에 존재하는 '원-원적 사고'와 관련이 있다. 이 방법에서는 고객에게 직접적으로 제안을 한다. "저보고 당신이 생각하고 있는 가격을 추측해서 제품을 제시하라는 것은 부적절하다고 봅니다. 그 가격이 너무 높다면 우리는 같이 사업하기가 어렵고, 그러면 양쪽 다 손해입니다. 또 너무 낮으면 당신이 정말로 원하는 필요한 제품을 얻지 못하게 됩니다. 제가 보기에, 모두에게 좋은 방법은 당신이 어느 정도의 가격을 생각하고 있는지 말해주는 겁니다. 그러면 제가 거기에 맞는 제품을 제시하겠습니다. 그리고 필요하다면 조정을 할 수도 있습니다."

이 외에도 여러 변형된 방법들이 있지만 그것들은 모두 고객으로 하여금 자연스럽게 그가 지불하려는 가격을 먼저 말 하게 하는 것이다. 인간 행동에 관한 다음의 관찰을 기억하라.

직접적인 질문의 힘을 절대 과소 평가하지 마라.

당신이 누군가에게 직접적이고 단호한 목소리로 질문하면, 대다수의 사람들은 대답하지 않을 수 없고, 또 정직하게 대답할 것이다.

침묵은 매우 강력한 협상 수단이 될 수 있다.

이 협상 원칙을 잊지 마라. '일단 가격을 지정할 때가 되면, 누가 되었든 먼저 말하는 사람이 협상에서 진다.' 당신이 가격 지정을 요구하면 고객은 주저하거나 확신이 없을지도 모른다. 그냥 조용히 있어라. 고객을 난처한 상황에서 구해주고 싶은 유혹을 물리쳐야 한다. 한 마디도 하지 마라. 당신의 침묵은 자신감과 굳은 결의를 나타내준다. 더 중요한 것은 침묵은 채워져야 하는 공간이라는 것이다. 당신이 조용히 있으면 결국에는 10초에서 20초 아니면 30초 후에는 고객이 가격을 지정할 것이다.

68

소비자 잉여를 포착하려면
가격을 차별화하라

일반 시장에서의 가격 차별화는 산업재 시장에서 '고객에게 얼마를
지불하고 싶은지 묻는 것' 과 같다.

내가 정기적으로 묵는 한 호텔은 하룻밤 객실 요금이 129달
러이다. 그렇지만 그 호텔에는 요금이 250달러나 되는 디럭스
룸도 있다. 그 방의 투숙객들은 일반 객실보다 121달러를 더 내
고 무엇을 얻는가? 공짜 신문과 간단한 아침식사뿐이다. 그러
나 호텔 측의 추가 비용은 인건비를 포함해 5달러가 채 안 된다.

그럼에도 디럭스 룸은 그 호텔의 나머지 방보다 항상 먼저
차버린다. 많은 비즈니스 여행자들은 직접 자기 돈을 내는 것이
아니므로(회사가 낸다) 가격에 신경 쓰지 않는다. 그들로서는 신

문과 아침식사를 공짜로 제공받고 있으니 마다할 까닭이 없는 것이다. 또한 호텔에는 대개 제3의 옵션이 있다. 적극적이고 수완 좋은 비서나 여행사 직원이 전화해서 일반실 요금에 디럭스 룸을 요구하면(그녀가 얼마나 많은 방문객들을 그 도시로 보내는지 상기시키며) 그것을 얻을 수 있다. 호텔 매니저로서는 거절할 이유가 없다(예약이 꽉 차 있지 않은 이상). 어쨌거나 별도의 신문과 아침식사를 제공하는 데는 거의 비용이 들지 않는다.

언젠가 호텔 직원이 내 방을 나가면서 부주의로 테이블 위에 그녀의 투숙객과 객실 요금이 적힌 명부를 놓고 간 적이 있었다. 정확히 똑같은 객실과 서비스에 대해 어떤 이는 89달러를 내고, 어떤 이는 250달러나 내고 있었다. 유일한 차이는 비서나 여행사 직원이 요금을 흥정할 용의가 있느냐 여부였다.

가격 차별화의 이러한 예는 가격 책정자가 어떤 식으로 접근해야 하는지를 보여준다. 각각의 고객층이 지불하려고 하는 최대 가격, 즉 소비자 잉여를 포착해내기 위해서는 다양한 상품들 간에 비교적 작지만 눈에 띄는 차이를 만들어내야 한다.

이러한 예들은 우리 주위에 많이 있다. 다음 날 오전 10시 30분 도착 특송 서비스(비용이 더 드는) vs. 오후 3시 30분 도착 일반 우편 서비스. 고급 무연 휘발유 vs. 일반 무연 휘발유.(정말 그렇게 큰 차이가 있다고 생각하는가?) 속성 드라이 클리닝 vs. 일반 드라이 클리닝.

대다수의 사람들은 컴퓨터를 살 때 보통 비싼 기종을 선택한다. 하지만 제품에 어떤 차이가 있는지 이해하고 있거나, 추가되는 돈이 그만한 값어치가 있는지 생각해보는 사람은 거의 없다. (가격 차별화의 대가인) 항공사의 경우, 똑같은 좌석에 대해 10개나 되는 다른 가격이 책정되어 있다. 결국 어떤 가격으로 사느냐는 당신이 얼마나 적극적이고 영리하게 노력하느냐에 달려 있다.

일반 시장에서의 가격 차별화는 사업재 시장에서 '고객에게 얼마를 지불하고 싶은지 묻는 것'과 같다. 어느 쪽이든 간에 고객으로 하여금 최대 가격을 지불하게 하는 것이 목표이다. 그것이 수익에 미치는 효과는 엄청나다.

69

최고가를 받아내되
어떤 고객도 잃지 마라

가격 협상을 할 때, 고객이 "예"나 "아니오"로 답하게 하는 단정적인
질문은 금물이다.

수완이 뛰어난 사업가는 가능한 최고가를 받아내지만 그 과정에서 어떤 고객도 잃지 않는다. 그는 주요 고객층(제한된 예산의 고객에서 최고액을 기꺼이 지불하려는 고객까지) 각각에 맞는 상품이나 서비스를 가지고 있다.

이것이 의미하는 바는 고객과 가격 협상을 할 때 조심스런 균형을 유지하라는 것이다. 가능한 한 가격을 높이 올리되, 고객이 "예"나 "아니오"로 답하게 하는 단정적인 질문은 금물이다. 그 대신에 고객의 대답이 오직 "예"가 되도록 질문해야 한

다. 그렇게 해야 고객을 잃지 않는다.

나는 다음과 같은 방식으로 말한다. "우리가 지금까지 논의한 것을 토대로 할 때 가격이 2만에서 3만 달러 사이가 되어야 한다고 생각합니다. 만약 당신이 원한다면 2만 달러에 하도록 하겠습니다. 하지만 제가 당신이라면 3만 달러로 하겠습니다. 초과되는 비용은 분명히 그만한 가치가 있을 겁니다." 이에 대한 고객의 대답은 여러 가지가 있을 수 있지만 그 중 어느 것도 단순한 "노"는 아니다. 즉 당신은 살아 남았고, 가능한 가장 높은 가격을 받아낼 것이다.

70

가격 협상을 품위 있게 하라

고객이 말할 때까지 당신이 먼저 가격을 말하지 마라. 먼저 말하는
것은 곧 가격에 대한 당신의 불안감을 알리는 것이다.

내 회사는 런던에도 사무실이 있는데 영국에서 난 여러 해
동안 컨설팅을 했다. 내가 영국인에게 배운 가장 중요한 교훈은
가격을 놓고 흥정하는 것은 품위 있는 사업가가 할 일이 아니라
는 것이다. 다시 말해, 가격 협상에 대해 사무적이고 마지못해
하는 태도를 취해야 한다는 것이다. "여기 비용에 해당되는 액
수가 있습니다. 하지만 당신과 제가 중요하게 생각하는 것은 우
수한 상품을 제공하는 것입니다. 우리는 시장판 사람들 같이 옥
신각신하고 싶진 않습니다. 안 그렇습니까?"

이러한 품위 있고 마지못해 하는 태도는 67단계 '고객이 지불하려는 가격을 물어보라'의 방법과 짝을 이루면 큰 효과가 있다. 마지못해 하는 것은 당신이 침묵을 지키는데 좋은 구실이 된다. 그리고 대개 고객들은 자신이 품위 없는 시장판 같은 흥정을 시작하느니 차라리 얼마를 지불하고 싶은지 솔직하게 말하게 된다. 즉, 당신이 품위 있게 행동하면 고객도 따라오는 것이다.

'가격 협상을 품위 있게 하라' 원칙의 당연한 결과는 가격 협상을 최대한 늦추라는 것이다. 고객이 말할 때까지 당신이 먼저 말하지 마라. 먼저 말하는 것은 곧 가격에 대한 당신의 불안감을 알리는 것이다. 가격에 대한 침묵은 당신이 제공하려는 상품에 대한 확신과 고객이 그것에 대해 정당하게 지불하리라는 사실상의 보증을 전달한다.

71

가격은 비용과 무관하다

가격을 정할 때, 결코 비용을 조사할 필요가 없다. 시장이 받아들일 선에서 가격을 정해야 한다.

비즈니스 스쿨의 첫번째 수업 전날, 우리에게 경영 사례 하나를 읽고 분석하라는 과제가 주어졌다. 그 사례에서 한 목욕설비 제조업자는 각각의 가격을 정해야 하는 세 가지 종류의 제품들을 갖고 있었다. 우리에게는 12쪽 분량의 비용 데이터가 주워졌고, 적정 가격을 알아내기 위해 비용 분석을 하느라 거의 밤을 꼬박 새우다시피 했다.

다음 날 아침 수업에서 교수는 각자의 가격 결정 안을 발표하도록 했다. 발표가 끝난 후 학생들 간에는 가격 결정에 필요한 실제 비용을 산정하는 데 가장 합당한 방법이 무엇인지를 놓고 90분간 논쟁이 이어졌다. 교수는 조용히 듣고만 있었다.

수업 시간이 거의 끝나갈 무렵, 교수는 목청을 가다듬고 나서 말했다. "여러분 모두 틀렸습니다. 가격을 정할 때, 결코 비용을 조사할 필요가 없습니다. 시장이 받아들일 선에서 가격을 정해야 합니다." 그리고는 강의실을 떠났다.

지금까지 나와 내 고객들에게 이보다 더 도움이 되었던 교훈은 없었다.

72

마케팅은 전략적 비용이다. 경기가 좋든 나쁘든 경쟁사보다 많이 지출하라

전략적 비용은 사업의 장기적인 생존을 위한 혈액과 같다. 경기가 안 좋을 때도 마케팅 비용은 줄이지 마라.

비즈니스에서 가장 큰 모순 중 하나는 기업들이 매출에 초점을 두면서도 마케팅에 충분한 투자를 하지 않는다는 것이다. 앞에서도 말했듯이 뛰어난 사업가는 전략적, 비전략적 비용을 구분한다. 그들은 수익을 극대화하고 마케팅과 다른 전략적 부문에 쓸 돈을 마련하기 위해 비전략적 비용을 무자비하게 최소화한다. 높은 수익을 올리는 성공적인 대부분의 기업들은 경쟁사보다 절대적으로나 상대적으로 더 많은 액수를 마케팅에 투자한다.

모든 기업들이 경기가 하강하면 대개 비용을 줄이는데, 종종 그 첫번째 대상으로 마케팅 비용을 선택한다. 경영자 입장에서는 직원들을 해고하기보다 광고에 쓰는 돈을 줄이는 것이 더 쉽기 때문이다.

　　이는 대단히 잘못된 것이다. 마케팅 비용은 전략적 비용이고, 전략적 비용은 사업의 장기적인 생존을 위한 혈액과 같다. 마케팅 지출은 좋은 시기와 나쁜 시기 모두 유지되어야 한다. 경기가 안 좋을 때는 다른 비용을 줄이더라도 마케팅 비용은 줄이지 마라.

73

마케팅에선 장총보다 산탄총이 낫다

시장에 팔 만한 제품이 있다면, 무조건 더 많은 고객층, 더 많은 유통
채널, 더 많은 지역에 팔 수 있는 방법을 찾아라.

새로운 고객 찾기가 종종 너무 협소한 방식으로 행해진다.
"내가 왜 거기에 광고를 해야 하지? 구독자 10명 중 9명은 사지
않을 거다." 맞는 말이다. 하지만 10명 중 1명만으로도 충분할
수 있다. 장총보다 산탄총이 더 좋은 마케팅 방법이 될 수 있는
것이다.

우리 회사는 약 1만 통의 DM과 홍보 메일을 보낸다. 그 중
99.9%는 쓰레기통에 버려질 것이다. 그러나 새로운 고객을 창
출하는 0.1%는 다른 99.9%의 비용을 보상하고도 남는다.

이는 당신 혹은 당신의 자녀가 직장을 구하는 것에도 그대로 적용된다. MBA를 졸업한 내 조카는 워싱턴 주에서 직장을 얻기 원했다. 그래서 그는 가장 관심 있는 3~4개의 회사에 입사 지원서를 보냈다.

나는 조카에게 이렇게 충고했다. "그물망을 더 넓게 쳐야 해. 너는 네가 무엇을 찾게 될지 모르잖니." 그는 대도시에 있는 200대 기업 리스트를 얻어서 각각의 회사에 입사 지원서를 보냈다. 사실 200개의 입사 지원서를 작성해 보내는 것은 시간이 그다지 오래 걸리거나 비용이 많이 들지 않는다. 얼마 후 15개의 기업들이 답신을 해왔고, 8개사가 그를 인터뷰했으며, 4개사가 입사를 제안했다. 똑같은 확률이라면, 3개 혹은 4개 기업에만 지원한 사람은 직장을 얻지 못할 것이다.

전부는 아닐지라도 대부분의 기업들이 이러한 실수를 범한다. 시장에 팔 만한 가치를 지닌 제품이 있다면, 무조건 더 많은 고객층, 더 많은 유통 채널, 더 많은 지역에 팔 수 있는 방법을 모색하라. 무엇보다 수가 중요하다. 마케팅 그물망을 넓게 쳐

라. 그리고 구매하지 않는 고객이 아니라, 오직 구매하는 고객
에 대해서만 신경 써라.

74

영업 조직에 투자하라. 그 어떤 것보다 더 큰 성과를 가져다줄 것이다

많은 기업들에게 있어 영업 조직은 공장의 기계나 자재보다 비즈니스
성공을 위해 더 중요한 자산이다.

판매에 관한 두 가지 이론이 있다. 첫번째 이론은 각각의 상품은 일정한 크기의 시장을 갖고 있으며, 그 상품의 특성과 고객의 니즈가 시장의 크기를 결정한다고 본다. 두 번째 이론은 판매를 하는 것은 영업 사원이라고 본다. 모든 영업 사원들은 팔아야 하는 타고난 동기를 갖고 있으며, 가망 고객을 찾아내 판매를 성사시킨다. 이 이론은 영업 사원을 더 많이 고용할수록 상품이나 시장에 관계없이 판매가 늘어난다고 본다.

두 가지 이론 모두 진실을 담고 있다. 하지만 저자의 경험상

두 번째 이론이 종종 더 무시되어 왔다. 대부분의 기업들은 영업 조직에 과소 투자함으로써 매출과 이익을 희생시키고 있다.

영업 조직에 투자한다는 것은 무엇을 의미하는가?

첫째, 충분한 영업 사원을 확보하는 것이다.

둘째, 영업 사원들이 고객들과 충분한 시간을 보낼 수 있게 하는 것이다.

나는 한 컴퓨터 회사의 영업 문제를 해결하기 위해 고용된 적이 있었다. 그 회사 컴퓨터에 대한 고객들의 구매는 기대에 훨씬 못 미쳤다. 나는 몇몇 관련 자료들을 수집했다. 이 회사 영업 사원들은 그들의 시간 중 30%만을 고객들과 보내고 있었다. 반면 경쟁사의 영업 사원들은 90%를 고객들과 보내고 있었다. 이 회사 영업 사원들은 재구매 요청을 위해 일 년에 단 두 번 고객들을 방문했다. 반면 경쟁사의 영업 사원들은 일 년에 21번이나 방문했다. 즉, 재구매 요청을 위해 두 번, 고객들이 소프트웨어나 서비스 문제로 도움이 필요한지 확인하기 위해 19번을 방문했다. 두말할 필요도 없이 고객들은 경쟁사에 높은 충성도를 보일 것이고, 그 회사의 상품을 구매할 것이다.

셋째, 영업 사원을 지원하고 도와주는 인력을 충분히 고용하는 것이다.

이는 영업 사원들이 고객들과 최대한 시간을 보낼 수 있게 한다. 동일한 조사 자료에 의하면, 나의 고객사에서는 영업 사원 3명당 1명의 지원 인력을 두고 있는 반면 경쟁사는 영업 사원 2명당 1명의 지원 인력을 두고 있었다. 이것이 바로 고객사의 영업 사원들이 사무를 처리하느라 너무 바빠 고객들과 충분한 시간을 보내지 못하는 이유였다.

넷째. 영업 사원들에게 판매가 아니라 이익에 기초해 보상하는 것이다.

내가 컨설팅한 한 제약 회사는 판매에 기초한 커미션 시스템을 마진 총액에 기초한 시스템으로 전환했다(이제 영업 사원들은 판매액이 아니라 자신들이 판매한 제품의 마진 총액을 더 중시 한다). 시행 후 한 달 이내에 마진이 높은 제품은 판매율이 28% 상승했고 마진이 낮은 제품은 26% 감소했다. 결과적으로 전체 순익은 50% 증가했다.

다섯째, 제품을 잘 아는 사람이 아니라 어떻게 팔고, 이익을 내는지 아는 사람을 영업 사원으로 고용하는 것이다.

효과적인 판매 방법을 제대로 아는 사람은 드물고 귀하다. 하지만 제품에 대해서는 누구나 배울 수 있다.

여섯째, 제품의 특성이 아닌 판매와 이익 창출 기술 중심의 영업 교육을 하는 것이다.

너무나 많은 회사들에서 영업 교육이 제품의 특성을 가르치는 데 할애된다. 당신의 영업 교육을 어떻게 팔고, 어떻게 최고 가격을 받아내는지에 대한 미묘하고 강력한 기술을 가르치는 데 집중하라. 진정으로 도움이 되는 교육이었다는 반응을 얻게 될 것이다.

여기 내가 추천하는 한 가지 교육 방법이 있다. 다른 업종에서 활동하는 3명의 최고 세일즈맨들의 연설을 당신의 영업 사원들이 듣게 하라. 그들의 성공의 열쇠에 관한 연설은 분명 영업 사원들에게 영향을 미칠 것이고, 그 결과가 실적으로 나타날 것이다.

많은 기업들에게 있어 영업 조직은 공장의 기계나 자재보다 비즈니스 성공을 위해 더 중요한 자산이다. 그러나 우리는 공장을 유지하기 위해 수백만 달러를 쓰지만 영업 조직을 지원하는 데는 인색하다. 이는 현명한 투자가 아니다.

전략적 비용과 비전략 비용을 구별해야 한다는 것을 기억하라. 수익을 배가시키기 위해서는 전자는 전적으로 지원하고 후자는 최소화해야 한다.

5부

성공하는 리더를 위한 조언

75 고집세고 단호해야 한다 **76** 인생의 우선 순위를 비즈니스에 두지 마라 **77** 도전을 즐겨라

75

고집세고 단호해야 한다

고집셈과 단호함은 모든 성공한 사업가들의 두 가지 공통된 특징이다.

이 책에 있는 많은 권고들이 경영자들의 기존 사고방식에 도전하는 것이기 때문에 몇몇 개인적 조언이 필요하리라 생각한다. 당신의 수익을 배가하는데 필수적인 사고방식을 갖기 위해 개인적 차원에서 필요한 것은 무엇일까?

첫번째 조언은 고집이 있어야 한다는 것이다

한 성공한 경영자에게 그의 성공 열쇠가 무엇인지 물었다. 그는 대단히 명석하고 카리스마가 넘치며, 성실하고 직관적인 사람이었다. 그래서 나는 그가 그러한 특성들 중 하나를 지적할 것으로 기대했다.

하지만 그는 "나는 고집이 셉니다."라고 간단히 말했다. "뭐라구요?" 내가 다시 물었다. "나는 고집이 셉니다. 나는 내가 무엇을 성취하길 원하는지 알고 있습니다. 나는 거기에 도달할 방법을 알고 있고, 그 방법을 믿습니다. 그리고 내가 거기에 도달하는 것을 그 누구도, 그 무엇도 막을 수 없습니다."

나는 또 한 명의 성공한 경영자에게 똑같은 질문을 했다. 그는 6개의 다양한 사업 분야에서 큰 성공을 거둔 인물이었다. "사람들은 저를 변덕스럽다고 봅니다. 왜냐하면 나의 관심 분야가 계속 바뀌었기 때문이죠. 그러나 내가 하는 모든 일에서 절대 변하지 않는 것이 있습니다. 나는 그 누구보다도 단호합니다."

이들이 말한 고집셈과 단호함은 내가 아는 모든 성공한 사업가들의 두 가지 공통된 특징이다. 그들은 '노'라는 대답을 거부한다. 그들은 자신의 목표를 끝까지 고수하고 비협조적인 반대자들을 물리친다. 그들은 장애물이 아무리 위압적일지라도

'할 수 있다' 는 태도를 견지한다. 그들은 자신의 믿음에 대해 확신에 차 있어서 누군가가 그들의 목표 달성을 막을 수 있다는 생각조차 하지 않는다.

인생과 비즈니스에서 대부분의 사람들은 그들이 진정으로 믿는 원칙을 찾으려 한다. 자신만의 원칙을 찾고 그것을 고집스레 유지한다면, 당신은 원천적인 경쟁 우위를 갖게 될 것이다. 그리고 현재의 기술, 경험, 지식에 관계없이, 결국에는 경쟁자들을 이길 수 있을 것이다. 만약 당신이 수익을 중요하게 생각한다면, 이 책에서 당신이 필요로 하는 원칙들을 발견할 수 있을 것이다.

76

인생의 우선 순위를
비즈니스에 두지 마라

일할 때와 일하지 않을 때 간에 분명한 선을 긋는 것이
사업을 위해서도 중요하다.

이 책이 권하는 많은 조치들은 판단력, 미묘함, 그리고 다른 사람의 마음을 끄는 능력을 요구한다. 이러한 어느 것도 일 중독자의 특성과는 관계가 없다. 나는 당신이 일할 때와 일하지 않을 때 간에 분명한 선을 그어두고 그것을 지킬 것을 권한다. 더 중요한 것으로, 일은 가족이나 친구와 같이 당신의 인생에서 진정으로 중요한 것들보다 뒤에 놓여져야 한다.

내 경험으로 볼 때 인생에서 일보다 중요한 다른 어떤 것을 가지고 있는 사람일수록 일을 잘하는 데 필요한 긍정적인 사고

의 틀을 가지고 있다. 그리고 그들은 비즈니스를 게임으로 보고 그 게임을 잘하는 데 필요한 균형 감각과 초연함을 갖추고 있다. 비즈니스에서 성공하기 위해 필요한 모든 것들은 미묘한 변수들 간의 균형을 요구한다. 어떤 원칙을 언제 적용하고, 어떤 전술을 어떤 상황에서 사용하고, 어떤 당근이나 채찍을 어떤 직원, 고객, 공급업체에 사용해야 할지 아는 것은 정해진 답을 요구하는 과학이 아니다. 오히려 그것은 일단의 원칙에 느슨하게 기초한 직관의 게임이다

일에 죽고 사는 사람은 그것을 게임으로 받아들이는 데 문제가 있다. 왜냐하면 일이 그의 인생이기 때문이다. 그렇게 되면 비즈니스에서 요구되는 균형 감각을 갖기가 어렵다. 그 선수는 너무 융통성이 없고 일차원적이 되기 쉽다. 더 중요한 일 밖의 삶이 주는 초연함의 감각은 당신이 진정으로 성공적인 선수가 되게 하는 데 필요한 자신감, 침착함 그리고 사고의 명확성을 갖게 한다.

나는 비즈니스가 아닌 인생의 다른 부분에 더 큰 우선 순위

를 둘수록 더 큰 돈을 벌게 된다는 것을 발견했다. 만약 당신이 시간당 급여를 받고 있다면 이 말은 사실이 아니다. 하지만 당신이 수익을 극대화하기 원하는 기업가나 경영자라면 이것은 사실이다.

77

도전을 즐겨라

비즈니스를 사느냐 죽느냐의 문제가 아니라 게임으로 보라.
그리고 그 게임을 즐겨라. 그러면 더 잘하게 될 것이다.

목적한 곳에 이미 도달해서 더 이상 정복할 과제가 없다는 사실을 알게 된 사람보다 침울한 사람은 아마 없을 것이다. 비즈니스가 좋은 이유 그리고 이 책의 주제인 수익 극대화가 좋은 이유는 그 과정이 변화무쌍하고 미묘하다는 것이다. 또 결승선에 도달하기가 불가능하다는 것이다. 당신은 항상 더 잘할 수 있다. 그러나 당신이 결코 견승선에 도달하기 못할 그 길을 즐겁게 달려가기 위해서는 더 현명하고, 더 건강한 마인드가 필요하다. "나는 그 일을 해냈고, 뛰어난 성과를 거두었어."라고 느끼고 싶은 욕구를 이겨내기란 쉽지 않다.

나는 항상 더 잘하기 위해 최선을 다하는 것에서, 그리고 항상 다음 단계로 발전하기 위해 자신을 재창조하는 것에서 즐거움을 끌어낸다. 이것은 높은 자기 성찰과 그것을 기꺼이 하려는 의지를 요구한다. 그리고 그러한 성찰이 편안하게 느껴질 정도가 되어야 한다. 내가 잘한 것은 무엇일까? 내가 더 잘할 수 있었던 것은 무엇일까? 나는 나의 성공에 어떤 장애물들을 만들고 있는가? 어떻게 그것들을 극복할 수 있을까? 내 경험으로 볼 때 자기 자신에 관해 말하는 것을 어려워하고, 진정한 자기 성찰이 부족한 경영자들은 대개 성취할 수 있는 성공이 제한적이다. 만약 당신이 스스로를 성찰할 수 없다면 어떻게 최고의 역량을 발휘하고 자신을 재창조할 수 있을까? 만약 당신이 스스로를 재창조할 수 없다면 어떻게 다음 단계로 나아갈 수 있을까? 자기 성찰의 능력은 내가 사람을 채용을 할 때 고려하는 핵심 사항 중 하나이다.

이 단계와 앞선 두 단계에서의 개인적 조언은 상호 모순적인 것으로 보일 수 있다. 즉 고집이 있어야 한다. 하지만 기꺼이 자신을 재창조하라. 최고의 역량을 발휘하라. 하지만 일에만 매달리지는 마라. 그러나 이 조언들은 서로 모순되지 않는다. 출발점은 일 밖에서 자신이 무엇을 원하는지 아는 것이다(즉, 일에만 매달되지 않는 것이다). 그리고 일을 통해 자신이 원하는 바를 행하는 것이다(고집을 가져야 한다).

초연함의 감각을 유지하고 비즈니스를 게임으로 보라. 게임을 계속 도전적이게 하는 길은 항상 더 나아지려 노력하면서 결코 안주하지 않는 것이다. 그것이 게임을 즐겁게 만드는 비법이다. 게임은 사느냐 죽느냐의 문제가 아니다. 게임을 즐겨라. 그러면 더 잘하게 될 것이다. 게임을 더 잘하면 수익도 향상될 것이다.

수익을 배가시키는 것은 과학의 문제가 아니다. 그것은 단지 결의의 문제이다. 만약 당신이 그 결의를 이행할 수 있고, 그것을 즐길 수 있다면, 당신도 성공한 아주 소수의 사람들 중 하나가 될 것이다. 이 책이 당신이 거기에 이르는 길을 잘 시작할 수 있도록 돕기를 진심으로 바란다.

마지막으로, 당신의 행운을 빈다.